AF365650

LA ATENCIÓN CONSCIENTE

RECAPITULAR, ENSOÑAR, MEDITAR: LA INMANENCIA DE LA CONSCIENCIA UNIVERSAL

ExLibric

XABIER ÍÑIGUEZ CASTRILLÓN

LA ATENCIÓN CONSCIENTE

RECAPITULAR, ENSOÑAR, MEDITAR: LA INMANENCIA DE LA CONSCIENCIA UNIVERSAL

EXLIBRIC

ANTEQUERA 2021

XABIER ÍÑIGUEZ CASTRILLÓN

LA ATENCIÓN CONSCIENTE

RECAPITULAR, ENSOÑAR, MEDITAR: LA INMANENCIA DE LA CONSCIENCIA UNIVERSAL

Prólogo

Un libro que al meditador interesado en el despertar de la consciencia le conviene tener para poder revisar según vaya profundizando en su propio proceso. Una obra que nos trae de vuelta el mágico universo que don Juan y Carlos Castaneda nos regalaron y ofrecieron un nuevo «campo de batalla florida», como describe el autor.

Xabier nos propone una poderosa y preciosa herramienta, la recapitulación como instrumento de trabajo, incorporando la vigilia, la sensación sentida y la meditacional «campo de batalla florida», donde resolver nuestros «traumas».

El lector encontrará un espacio abierto y un universo precioso por el que moverse en su búsqueda. Aún recuerdo cómo el abuelo Sioux, James Robideau (del denominado pueblo de los soñadores), antes de comenzar una ceremonia de toda la noche, nos dijo: «Vamos a zambullirnos en el reino de las sensaciones». Esta frase produjo un estallido en mi *conciencia*, un rumbo, un camino, un foco y observación diametralmente opuestos a lo aprendido hasta entonces.

Es un verdadero placer cómo Xabier explica y traduce este fenómeno tan lúcida y maravillosamente en esta obra. En estos tiempos convulsos en los que se intuye y se percibe que todo el planeta estuviera del revés, el gran reto que nos propone en esta obra es, básicamente, el comenzar a vivir la vida en términos energéticos, desarrollar la intuición y, en la medida que uno va reincorporando y acomodando en su «ser» la energía «robada», volverse más despierto y consciente.

Dar un paso adelante y orientar la vida a este propósito normalmente no es fácil, puede traer mucho temor implícito, pero con paciencia (paz-ciencia) con uno mismo y encontrando la compañía adecuada (aliados), la búsqueda se convierte en un camino de aventuras y de excitación calmada.

Leyendo este libro, uno percibe el camino hacia la libertad última y aunque no es el típico manual de autoayuda lleno de ejercicios, considero que es una lectura casi imprescindible que tener como referencia para un buscador, ya que guarda muchos secretos en sí mismo, que se irán desvelando en la medida en la que el desarrollo y la meditación vayan profundizando en uno mismo.

Nota: Aunque en un principio no lo entiendas y quizás lo rechaces, no lo pierdas, pues si eres un buscador, sin duda te servirá en un futuro.

Esperando con excitación y entusiasmo nuevas lecturas de Xabier.

Leer La atención consciente, recapitular, meditar y ensoñar *ha sido una aventura excitante que me ha traído de vuelta el entusiasmo de mi juventud como buscador y, desde este aquí y ahora un poco más maduro, puedo saborear lo aprendido a través de la cualidad tan inteligente con la que Xabier describe y narra los fenómenos del aprendizaje existencial.*

Como ser humano en estos tiempos, quiero agradecer tu confianza y este maravilloso libro. Todas las bendiciones y mucho éxito para que llegue lejos, ya que eso significará que más almas se iniciarán en el «campo de la batalla florida».

Por una humanidad más despierta y libre.

Ruben Soroa (Inyan Wakan Wichassa)

Prólogo del autor

El trabajo aquí presente nace íntimamente unido a mi experiencia y práctica. Tiene dos tradiciones espirituales de referencia: el zen como testimonio del camino de Budha (el despierto) y el camino del guerrero de la luz, o también conocido como el Camino Rojo. Se ve reflejada la esencia tanto de uno como de otro camino, y en ocasiones unidos.

Las dos tradiciones tienen en común su objetivo principal: liberar al ser humano de ser devorado por la mente parásita. En el chamanismo, esta mente es adjudicada a los seres inorgánicos; en el budismo, a Mara. La energía de los seres humanos es devorada por la mente parásita, convirtiéndonos en alimento de estas entidades.

El primer paso, insustituible y necesario en ambos caminos, consiste en «limpiar» el recorrido vivencial que ha ido drenando, a través del inconsciente emocional, el *cuerpo energético*. Esto en sí limita la capacidad de enfocar la experiencia en la *atención consciente* y vivir el aquí y ahora desde el corazón en unidad con el Gran Espíritu. Este proceso imprescindible nos lleva a recapitular la vida.

Recapitular nos hace considerar lúcidamente los hechos significativos de la vida. Conlleva traer al presente y liberarlos sucesos y relaciones que han sucedido y hemos vivido durante nuestro recorrido vital. Estos hechos son el germen del despertar «personal»; por un lado, nos enriquecen y, por otro, nos muestran lo que necesitamos abandonar para seguir el viaje de la vida, sin el denso peso del inconsciente emocional. Sin relaciones no hay evolución.

Recapitular nos lleva a realizar dos elementos claves: la pérdida de importancia personal (la «muerte» del ego) y la recuperación de la energía y consciencia, de lo que hemos dejado en las experiencias devoradoras. En este sentido, «¿quién soy yo?» es una pregunta clave. Paradójicamente, en su expresión más profunda, no se entiende y responde por la razón. Esto se revela por la experiencia, como un koan zen, como un misterio. En la soledad uno afronta sus noches oscuras. Es cuando acecha su soledad que puede ir un paso más allá, dejando morir al viejo yo para dar paso al misterio de la vida.

El misterio se revela al cambiar el modo piloto automático por el modo de atención consciente y *acecho,* cuyo axioma principal es el conocimiento a través del cuerpo-mente en unidad, el conocimiento mediante la experiencia. La energía sigue a la mente, la mente sigue al cuerpo y el cuerpo está en contacto y unidad con la consciencia universal. Este trinomio, considerado sagrado en algunas tradiciones espirituales, es una ley fundamental en el arte de la atención consciente y del acecho.

En este proceso se llega a una suerte de consciencia que es espontánea, que nace como un saber que duerme en nuestro cuerpo y mente en unidad. Obedece a un modelo de desarrollo de las potencialidades humanas, que deja atrás el modelo lineal progresista del tiempo y que concibe el desarrollo como un modelo convergente, «acumulativo» y cuántico.

Es importante ser impecables en nuestra relación con el *tonal,* es decir, cómo nos relacionamos con lo externo, ya que el resultado de la *impecabilidad* nos lleva a estar enfocados en nuestro centro y estar en armonía con el contexto. Este hecho provoca la acumulación de suficiente energía y poder para despertar al poder del *nahual.* Este es un recorrido que no se hace de un solo salto y que a la vez sí, ya que el misterioso *salto cuántico* es inabarcable por el yo individual.

El camino de acecho, el camino de la atención consciente que aquí expongo y propongo concibe la meditación como la gran «medicina» del alma y el despertar de la consciencia original. El ensueño como el encuentro con el doble sagrado. La recapitulación como la forma de «ordenar» el mundo y «ordenarnos» externa e internamente.

Para poder avanzar con determinación y profundizar en la atención consciente, ya sea cuando meditamos, recapitulamos o ensoñamos, el factor más decisivo es la perseverancia. Para esto se necesita establecer una rutina que no se vuelva monótona y que seamos capaces de sostener. Una meta alta puede minar nuestras fuerzas y, por el contrario, demasiado laxa no nos permite profundizar. Si no somos capaces de establecer la disciplina y mantenerla en el tiempo, entonces una ayuda puede ser indispensable para avanzar. De ahí la importancia de contar, a veces, con un apoyo de una persona o de un grupo.

Es muy importante hacer el uso prudente, consciente y responsable del material expuesto en este trabajo. No nos hacemos responsables del uso errado que pueda traer consecuencias negativas, por lo que cada uno es responsable del uso y de tomar una guía apropiada si fuera necesario.

Permítanme utilizar el masculino como línea general del lenguaje en el trabajo aquí expuesto, sin que eso signifique un menosprecio de lo femenino.

Espero y deseo que disfruten y que les aporte una visión creativa y creadora de consciencia y energía el trabajo presente en este libro.

Capítulo I. La recapitulación

Perder importancia

Nos hemos pasado la vida creyéndonos importantes y luchando por mantener esa imagen como parte de nuestra historia personal. Esto termina convirtiéndose en una trampa: el carcelero. Sin embargo, si has llegado hasta aquí, significa que te vas dando cuenta de este autoengaño.

El desandar y des-construir la historia personal se puede realizar por medio de la recapitulación. Cuanto más fuerte y rígido es el ego como soporte de la importancia personal, mayor es el apego a la historia personal de vida y mayores son las dificultades que encontraremos para entregar y aceptar el poder del Gran Espíritu como un «devenir supremo»: la vida.

La importancia personal nos impide considerarla «relatividad» e in-permanencia de la vida, manteniéndonos en una lucha constante. Por un lado, ocupamos cantidades ingentes de energía y poder cuando nos apegamos a lo propio como lo mío, a la vez que nos vemos obligados a luchar en contra de lo que atenta contra la importancia personal. La imposibilidad de permanecer «vacío» representa una dificultad en el sentido de estar receptivo y abierto, reduciendo la capacidad de percibir y recibir la vida, que se presenta a cada instante. Esto sucede principalmente porque la energía y el poder personal los utilizamos en sostener la importancia personal, quedándonos sin ambos para vivir en el aquí y ahora.

Mientras nos sentimos importantes, perdemos sencillez y la perspectiva de la fragilidad de la vida. El ego es una serie de identificaciones con ideas, emociones y formaciones mentales que forman un «corsé» artificial en la *consciencia* y en el cuerpo energético. Nos impide rendirnos a la grandeza de la que formamos parte. Así, uno se siente identificado y se convierte en preso de sus propios dogmas. Dogmas que, en gran medida, se han adquirido en una sociedad jerarquizada, donde, de ordinario, la socialización consiste en hacer propias una serie de certezas dogmáticas compartidas, que son impuestas a través de la obediencia ciega o dogma.

Una cultura socializada de un modo instrumental crea un tipo de «educación» que consiste en transferir las certezas dogmáticas que son compartidas y deben ser asimiladas, tragadas sin digerir ni integrar (introyección). Esto nos separa de la inteligencia primitiva y arcaica (coherencia) inherente: el cuerpo como receptáculo de conocimiento, cuyo principal axioma es la integración del conocimiento por la propia experiencia y no como un «educar» desde la imitación mecanizada e instrumental.

La educación mediante la experiencia que se propone en este ensayo consiste en considerar los fenómenos de la vida en términos de energía. Esto sucede a través de la experiencia, que nos permite sentir, darnos cuenta de cómo nuestro cuerpo es el receptor y catalizador de la energía/consciencia que se genera en las interrelaciones y en él mismo. Esto nos lleva a sentir y darnos cuenta del espíritu misterioso de la creación, que se manifiesta como una experiencia extática que puede ser experimentada en uno mismo. Un ejemplo de esto puede ser el conocimiento vivencial de los ciclos vitales naturales, que pasan por uno mismo y por la naturaleza a la que pertenecemos: primavera, verano, otoño e invierno; una flor, un deseo, un encuentro, un atardecer veraniego, la levedad de la vida, una hoja que cae a nuestros pies, el rocío sobre la hierba, el desapego de algo que nos ataba…

La cultura en la actualidad se aleja más y más de un saber que procede del lado no racional, que pertenece al campo de lo abstracto, que llega a través de la experiencia del cuerpo-mente en unidad y en silencio. La energía sigue a la mente; la mente sigue al cuerpo. De aquí la importancia de que en la práctica de la atención consciente se comprenda y se dé este trinomio misterioso (energía, mente y cuerpo), que hace que la energía se estabilice en lo más palpable que se puede asir: el aquí y ahora.

La versión más retrógrada y dogmática de la ciencia domina el panorama actual. Ha anulado la percepción de la experiencia que vivimos los seres humanos, en términos de energética y consciencia. Este modo perceptivo que concibe la experiencia de darnos cuenta nos proporciona una forma de percepción integral, orgánica y real. Darse cuenta de que somos hijos de la tierra, hijos del sol, hijos del universo, seres de luz y pura energía en movimiento y expansión. Quiero decir que la energía y la consciencia es algo que llega y se percibe a través de nuestro cuerpo y experiencia, que el cuerpo posee una gran sabiduría que espera que escuchemos y desarrollemos los sentidos que lo permiten. La ciencia dogmática ha procurado una forma de tiranía de obediencia ciega, en la que se anula la capacidad intuitiva y experiencial en beneficio de la educación instrumentalizada para sus objetivos; lo que se llama reproducción de un modelo social.

La percepción robotizada, que elimina la intuición del aprendizaje por la propia experiencia, sucede como un movimiento que sitúa la percepción (desde donde percibimos la vida) en el entorno de la razón y la aparta del entorno de la intuición y «voluntad», esto es, de un darse cuenta total.

El punto de encaje

Según la cosmovisión tolteca de don Juan Matus, el *punto de encaje* es el nexo de conexión del ser humano con el campo de múltiples realidades y percepciones: el universo, la vida y sus complejas manifestaciones. Es un centro energético, como una pequeña pelota de tenis, que está situado un brazo de distancia del centro de los omoplatos hacia el exterior del cuerpo físico. Por este punto pasan los hilos de realidades (lo que somos capaces de percibir). El punto de encaje está unido a los diferentes *chakras* por filamentos de fuerza-energía. Su posición e interacción es la responsable de la percepción de los diferentes campos y frecuencias que el ser humano puede percibir, y que los centros sutiles (chakras) pueden percibir.

El conocimiento por la experiencia se produce al movilizar el punto de encaje y permitir que pasen por este los diferentes hilos de realidad. Para esto, el «guerrero» necesita una dosis ingente de energía (prana), mucha intuición, el desarrollo de los sentidos sutiles y su implementación en la percepción de la naturaleza y de uno mismo.

De ordinario, el ser humano hoy en día se ha separado del sentido energético/espiritual, y en muchos casos esto tiene más que ver con la fe ciega y el dogma (certezas dogmáticas compartidas) que con un saber que uno mismo descubre en su propia experiencia. «Dios», en muchas religiones, está fuera del alcance del común de los humanos y solo es abarcable por sus mediadores. De esta manera, solo puedes aspirar a ser asistido por los mediadores para acceder a desarrollar el campo del espíritu y transcendental. Este se presenta como un juego perverso que está instaurado desde la noche de los tiempos como una forma de sometimiento.

El sentido espiritual no consiste solo en una serie de ideas que se sitúan dentro del campo cognitivo, también es una suerte de campo de energía que posee conciencia, que llega y se manifiesta a través de la experiencia de uno mismo. Podemos poner como ejemplos el formar parte de un colectivo, el sentirse parte de algo más grande, el percibir un amanecer silencioso, el percibir la estruendosa levedad de la vida.

Los centros energéticos son por sí mismos los que nos proveen de amor propio, vitalidad, dirección en la vida, intuición y paz del espíritu, y unidad. Estas virtudes son la expresión natural del conocimiento directo desde uno mimo y la propia experiencia. Son los campos de virtud que la creación ha depositado en cada ser. En esencia, estas virtudes son las manifestaciones naturales del ser humano y están situadas físicamente en los diferentes chakras que poseemos. Son principalmente siete, según se recoge en los textos sagrados del hinduismo.

Hay una percepción directa de la realidad que está por encima de la conciencia cotidiana y es una suerte de atención expandida, una segunda conciencia que nos permite percibir las cosas y las situaciones sin identificación y desde la intención y motivación de las cosas y personas, sin el filtro individual producto de nuestro pasado de la historia personal y proyección en el futuro.

Para que se dé la atención expandida, se necesita una cantidad ingente de energía y la no interferencia de los filtros personales, producto de la importancia personal creada por la particular historia personal. Para esto necesitamos implementar en la vida la atención consciente por medio de la meditación y del sueño consciente como los principales caminos de desarrollo de esta. Esto requiere tener la energía suficiente y que esta no se fugue fuera y/o sea parasitada. Cuando se consigue la impecabilidad de las acciones, nuestro cuerpo se transforma y, energéticamente, queda rodeado de una envoltura de fuerza y energía protectora, sin agujeros parásitos. Aquí comenzamos a percibir y concebir la existencia en términos de energía y consciencia, más que como un hecho cognitivo.

Para lograr este objetivo de impecabilidad, el guerrero de la luz necesita desarrollar las estrategias de «lucha florida». El arte del guerrero conlleva sus correspondientes ciclos y etapas, que en muchas ocasiones se sobreponen y se complementan. Estas estrategias son y forman el arte de la atención consciente, que conlleva principalmente cuatro acciones o virtudes: la impecabilidad de las acciones, el *no-hacer* (hacer sin hacer), la paciencia y la simpatía.

Desmontar la historia personal

Las personas con las que nos relacionamos se forman y proyectan una imagen de nosotros que percibimos, y a la vez reforzamos y manifestamos. De alguna manera, estas proyecciones van «ayudando» a formar una identidad que finalmente uno mismo acepta y crea. Del mismo modo que uno se forma una identidad, también va proyectando elementos de identidad a los otros. Y es en este constructo de identidades donde surgen el sentido de importancia (como apego a lo mío) y el juego de las pasiones.

Quién pensamos que somos, o sea, el sentido de identidad se forma a través de las relaciones que se han dado desde la más tierna infancia con nuestros padres, abuelos, hermanos y personas significativas, y la cultura en la que vivimos. Nos proyectan como nos perciben, lo reforzamos, en muchas ocasiones de forma inconsciente, y así nos configuramos en una particular historia personal: la identidad, el conjunto interrelacionado de todas estas experiencias y vivencias personales que forman el ego.

De cierta forma, profundizar en desmontar la historia personal significa asumir la separación de esas personas «significativas» de las cuales hemos «creído» sus proyecciones y, en este separarse, asumir la soledad consentida. Somos seres profundamente emocionales y sociales. Las relaciones y las emociones marcan y dirigen nuestra vida, en buena parte de forma inconsciente. Es el juego que se crea entre las relaciones y las emociones el que forma la peculiar personalidad de cada uno. Es a esto lo que llamo el «juego de las pasiones», lo que en algunas corrientes psicológicas se llama «tipos de caracteres de la personalidad». Para deshacer a través de la recapitulación estos caracteres considerados «neuróticos» por la psicología, necesitamos ver lo externo (proyección) que asumimos como propio y/o lo contrario, la lucha contra aquello que sentimos que se impone desde fuera, contra lo cual luchamos para dejar de dar nuestra energía y poder a ambas proyecciones.

No deberíamos tomarnos las proyecciones de los otros como algo personal ni real, ya que más que ser algo en particular, las cosas suceden y decidimos si las incorporamos o no. Pero una vez que las incorporamos, creamos y adoptando una imagen de identidad que necesitamos revisar y ver si es necesario, desprogramar. Y esto es en buena medida el trabajo de desmontar la historia personal y, con ello, la importancia personal.

Parte del camino que propone la recapitulación es desprogramar este juego de proyecciones que se presenta como un dogma introyectado y no consciente. Ir abandonando las imágenes, vivencias, recuerdos, memorias y emociones de la historia personal que atrapan la energía y la consciencia, liberándolas ambas.

En la recapitulación se toma consciencia de estos pensamientos, historias, imágenes y emociones para desmontarlos y recuperar la energía que depositamos. No nos damos cuenta hasta qué punto nos identificamos con estas proyecciones, ya que creemos ser eso.

La recapitulación pasa en gran medida por aceptar la muerte del ego. Se tiene que estar dispuesto a abandonar la historia personal y aceptar la muerte del ego, con todo lo que conlleva.

En este sentido, para desmontar la historia personal, no solo necesitamos deshacernos de los hábitos y viejos apegos que están consumiendo nuestra energía, sino que también de contextos y relaciones que son parásitas. Por un lado, puede ser que estas relaciones en algunos casos sigan existiendo y las alimentemos. Por otro lado, aunque ya no existan físicamente, en el inconsciente se ha quedado sin cerrar y, por lo tanto, están fijadas. En este último caso es donde la recapitulación procederá a liberar el residuo parásito y recuperar la energía depositada en estas. Y en las relaciones actuales que necesitamos abandonar, la recapitulación jugará un papel fundamental para la liberación y recuperación de la energía acumulada en ellas.

De cierta forma la recapitulación es un acercamiento a la muerte, ya que deshacerse de la historia personal consiste en cerrar etapas disfuncionales y acabar con eso que hemos vivido y con lo que todavía nos identificamos, y a lo cual, como seres humanos, nos apegamos. Esta es como una masa viscosa energética que se adhiere al cuerpo energético, y cuando comenzamos a deshacemos de ella, se puede sentir sensaciones desagradables, como si algo se nos arrancase; sin embargo, finalmente es profundamente liberador, aunque en un principio se puede vivir como doloroso debido a la sensación de quitarse ese *residuo energético*, que, evidentemente, moverá el campo energético, cognitivo y emocional.

En la medida en la que recapitulamos, deshacemos la historia personal y el sentido de importancia se va disolviendo. Con la acción liberadora de la recapitulación, llegamos y conectamos con el no-hacer, que facilita la manifestación del doble sagrado: el otro yo. Esta es la parte de nuestro ser que es vieja, pesada, sólida, misteriosa, a la que no le «importan» los demás (Castaneda, 1988). Una parte que se va recordando en la medida que se suelta el falso yo, como el que va recobrando una parte de sí mismo olvidada. Una memoria que se manifiesta según uno se va liberando del pesado karma que produce un éxtasis de reencuentro.

El otro yo se manifiesta conforme uno va recapitulando y deshilvanando la trama de la historia personal, es parte del Gran Espíritu, artífice de esta nueva aparición y recuperación de una memoria que es esencia de sí mismo. El otro yo es nuestro gran aliado para permitir que se haga el tránsito, muchas veces traumático, al desmontar y deshacer la historia personal.

Deshacer la historia personal no es gratuito, en muchas ocasiones es doloroso. Uno tiene que pasar por pruebas duras para aceptar y llevar a cabo la muerte del ego, la separación de los dogmas asumidos y muchas veces compartidos, y el propio *karma*.

El propio ego es parte de una realidad compartida formada por el dogma socialmente aceptado. Tanto el ego como este otro extracto al que pertenece el ego, las realidades dogmáticas compartidas, desarrollan una estructura de defensa que se manifestará como proyecciones contra quien atente contra la integridad de ambos, ego y dogmas compartidos. Para hacer frente a esta lucha por reconquistar nuestro ser sin forma, el libre espíritu, el guerrero entra en la batalla espiritual que en ocasiones es tan peligrosa como una guerra. El guerrero tiene que ser impecable e implacable en su hacer: el acecho. Para esto pone en juego la disciplina interna: el no-hacer, recapitular, la impecabilidad, ensoñar, la meditación, caminatas de poder, ceremonias de poder, etc.

De todas sus prácticas, hay dos que son la base en el comienzo: recapitular y posicionarse en el no-hacer.

Mantenerse en el tiempo con un yo ligero: la soledad con-sentido

Un problema que nos encontramos llegados a este punto de la existencia es que la soledad está mal vista y no es consentida ni por la sociedad ni, en consecuencia, por uno mismo. Así que se tiene que empezar por darse cuenta de este rechazo social y propio, y comenzar a consentir la soledad. Esto nos llevará a vivir la soledad desde una perspectiva positiva, con-sentida.

Para llegar a este punto de consentimiento, necesitamos perder importancia personal, que está estrechamente relacionada con la norma social. Para esto se necesita des-construir el ego y los estereotipos, cuyo efecto produce un yo ligero, una vida ligera sin grandes apegos. Esto nos lleva a conocernos mejor a nosotros mismos y el entorno, y a aceptarnos y sostenernos tal como somos. A la vez, este camino lleva a instaurarnos en un tipo de soledad con-sentida y querida.

Algo que mayormente alimenta y se relaciona con la historia e importancia personal es la necesidad de depender de otros. Para esto, los seres humanos hemos desarrollado a lo largo del tiempo todo tipo de estrategias inconscientes y neuróticas. Un primer paso para sanar la dependencia emocional pasa por darnos cuenta de cómo desarrollamos estas estrategias inconscientemente, como una forma de relacionarnos y tomar nuestro "cachito de poder", en la medida que conseguimos la atención de esas personas en las cuales depositamos nuestra carencia emocional.

La importancia personal está relacionada con una «falsa» necesidad de relacionarnos como consecuencia de una carencia emocional, que venimos a compensar a través de las relaciones dependientes. Normalmente, esas personas dianas de nuestra carencia van a aportar algo de lo que sentimos inconscientemente que carecemos. En esta clave se desencadenan todo tipo de juego de espejos, de proyecciones e identificaciones que suman un sinfín de tipos de dependencia: los caracteres tipos que tipifican en la psicología.

El camino del guerrero pasa por aceptar la soledad, conquistarla y sostenerla en el tiempo. Una vez que se ha conquistado el espacio interior y uno aprende a sostener y disfrutar la soledad con-sentida, ya no se quiere atar más a relaciones dependientes. Las relaciones comienzan a ser más ligeras y sin expectativas inconscientes. Es esta proyección de expectativas que ponemos en los otros la que nos «roba» la vida. Principalmente, proyectamos las expectativas porque, por algún motivo, hemos pensado que es el otro el que tiene que cumplirlas, como un complejo perpetuo de infante que piensa que son los mayores los que están obligados a satisfacer nuestras necesidades.

Así el guerrero, si ayuda a otros, no buscará la notoriedad y siempre hace lo posible por mantenerse en el anonimato. No toma discípulos, solo pupilos, no muchos, a los que acompaña un cierto tiempo para que cuando crezcan, levanten el vuelo independiente.

Lo expuesto no niega que seamos seres sociales y que necesitemos a los otros para mantener cierta salud emocional, aceptando el *desatino controlado* (Castaneda 1983). La clave está en el apego que se proyecta hacia las personas, o sea, cómo nos apegamos y con qué intensidad les exigimos que cumplan nuestras expectativas.

Nadie ha nacido para cumplir tus expectativas ni uno mismo para cumplir la de otros. Si por casualidad coincidimos, es un desatino controlado; si no, nuestro sino del desatino controlado se ha acabado.

(Inspirado en un dicho de Fritz Pers,
padre de la terapia Gestalt)

Aunque ha habido innumerables seres despiertos y de conocimiento sobre la tierra, ninguno puede mostrarnos «la verdad», más que relativamente. La verdad en su dimensión profunda es revelada por sí misma en uno mismo, nadie puede reproducirla por uno. Aquí radica la importancia de conservar la soledad como el camino que nos aproxima a la verdad, al Gran Espíritu. El camino de la soledad con-sentido viene a través de un silencio iluminador que emana de las virtudes inherentes en los siete vórtices vitales o chakras en contacto con la naturaleza.

¿Quién soy?

Esta es una gran pregunta para el ser humano. Cuando se llega hasta aquí, es porque ha habido un recorrido de idas y venidas que nos han llevado a pasar por multitud de acontecimientos existenciales que hacen que te preguntes: ¿quién soy yo en todo esto que me sucede?

Nos identificamos constantemente con multitud de elementos de la vida. Frecuentemente, los elementos de la vida son algo que nos vive, más que sea vivida por uno. Para poder decir con «propiedad» que somos valedores de vivir la vida, deberíamos primero conocernos, para así poder hacer las elecciones de la vida en relación a lo que somos. Si no sabemos quién somos, tampoco podemos saber realmente qué queremos y, por lo tanto, tampoco podemos decir que vivimos desde la íntegra elección; son dos consecuencias que están estrechamente unidas.

De esta manera, se vive la vida siguiendo propósitos que se han puesto ahí por la «vida», y no como una elección que nace de conocerse y saber qué necesitamos como propósitos de vida. En esta situación, es fácil que sustituyamos todo tipo de proyectos que se adecuan más a nuestra visión limitada de la vida por algo que está ahí dormido e ignoramos: el potencial del ser, el otro yo.

No es suficiente con tomar la pregunta «¿quién soy?» porque sigamos alguna tradición de sabiduría, sino que hasta que uno no se lo plantea en su totalidad, saliendo de sus entrañas, no accedemos al potencial que duerme en el interior del ser humano. La pregunta nos llevará a descubrir multitud de facetas y tonos de la vida y de uno mismo.

El trabajo sobre esta pregunta nos puede llevar a atisbar algo que está detrás de nuestra fachada. A medida que indagamos, un día nos damos cuenta de que nos hemos olvidado de nosotros mismos, y entonces llamamos a nuestro otro yo y este acude a nuestro rescate. Este, sin duda, será un gran día. El diálogo interior que establecemos con nuestro otro yo es muy importante e interesante. En algunas tradiciones, lo llaman el «guía interno». Y así, como en una «invocación» al otro yo, nos ayudará a saber qué es y qué no es verdadero en nuestra vida, o dicho de otra manera, qué es lo que no soy.

Más que saber quién soy, la llave consiste en saber quién no soy. Es así de fácil y así de complicado. Porque no es uno el que dice «soy esto o soy aquello», sino que es la vida la que se refleja en nuestro interior, dejándonos ver la vida tal cual. Cuando dejamos de identificarnos con tantas cosas que no tienen mucho que ver con nosotros, empezamos a percibir la vida con cierta ligereza y distanciamiento de aquello con lo que nos identificábamos, y comenzamos a percibir cierta libertad de no estar atrapados en las identificaciones e identidades. Entonces no somos diferentes de nada y a la vez nos des-identificamos con lo que nos sentíamos identificados. Así comienza y surge la liberación del espíritu.

En el sueño lúcido, el otro yo surge como lo «desconocido» que se presenta ante nosotros y nos abre un camino de consciencia. Este desconocido nos lleva a la sobriedad de pisar firme sobre la tierra, con amor y humildad.

En la meditación, el otro yo se manifiesta como una multitud de virtudes que, poco a poco, van emergiendo y revelándose en la consciencia, y que, finalmente, llevan a la liberación total de la mente, hasta la unidad.

La recapitulación

Hay que tener las debidas precauciones. La recapitulación es como un campo de batalla donde se mueve el «enemigo». Nunca se sabe qué peligros nos depara la batalla florida. Lo que sí podemos llevar por delante es que esta no será gratuita. Si todavía no has cosechado el coraje suficiente, es mejor que no empieces. Cuando comiences conviene tener, como dice Carlos Castaneda, unos cojones de acero y/o a alguien que te acompañe que posea el «don del águila» (ser despierto), para acompañarte en el camino y que te proporcione cierta seguridad.

La recapitulación nos permite recordar, deshacer la historia personal y aliviar, despojarnos de los residuos energéticos que los acontecimientos y relaciones han dejado en nuestro campo/cuerpo energético. Y algo tremendamente poderoso, recuperar la energía-consciencia-poder que dejamos anclada en esas historias.

Si te fijas bien, en muchas ocasiones vivimos como si se nos hubiese perdido algo por el camino y como si el simple hecho de vivir nos hubiese desgastado. Esto se debe a que vamos dejando, sin darnos cuenta, la energía, fuerza y consciencia en las diferentes experiencias traumáticas. Estas experiencias pueden ir poco a poco parasitando el cuerpo de energía, hasta que nos quedamos vacíos, carentes de vida y de fuerza.

El residuo energético pasa a quedar adherido de una manera inconsciente y se puede y se debe abarcar desde la perspectiva cognitiva, dándonos cuenta de la trama por la que se ha ido formando y adhiriendo. Sin embargo, finalmente se debe abarcar desde el campo energético, el campo del espíritu. Un campo al que la conceptualización racional no llega.

En nuestra cultura, la terapia en muchas ocasiones abarca estas cuestiones, en la mayor parte, solo desde una perspectiva cognitiva. De cierta forma, la «ciencia» ha despojado a las personas de su lado intuitivo, misterioso e «irracional», la capacidad de poder explorar e integrar por la experiencia propia.

El orden de abarcarlo es relativo, ya que si lo hacemos desde un plano energético cuando es más una sensación de adherencia energética «negativa», nos puede llevar al recuerdo y también aun a darnos cuenta de cómo se sucedió este proceso. Quiero decir que bien podemos abarcar una recapitulación desde cierta percepción sentida intuitiva, sensación sentida del acontecimiento y, a la vez, esta sensación sentida enriquecerá tanto el recuerdo como una forma cognitiva de aproximación a los hechos.

Se puede hacer una lista de los acontecimientos y personas, y seguir esa lista para recapitular. Debe estar claro que hay vivencias, sobre todo las más poderosas, es decir, las que tenemos con nuestros seres «más queridos», que son de mayor carga energética e identificación. Es interesante abarcar estas experiencias más poderosas cuando entendemos realmente el poder de la recapitulación. Sin embargo, una primera recapitulación de un acontecimiento importante puede tener una primera etapa, para más tarde hacer una recapitulación «final». A la misma vez, hay experiencias traumáticas que tienen mucha fuerza que conviene esperar a que se asienten para recapitular. No conviene entrar en una recapitulación en la que estamos demasiado absorbidos e identificados emocionalmente por la cercanía de los hechos. Conviene dejar que esto descienda y que podamos verla con cierta relatividad. Me refiero a sucesos muy cercanos propios para recapitular. Por otra parte, hay episodios de nuestra historia personal que, aunque haya pasado mucho tiempo, siguen conservando mucha fuerza. Normalmente, son sucesos de relación directa con los seres más cercanos. Como ya he dicho anteriormente, conviene conocer bien el proceso de recapitulación para adentrarse en estos que tienen mayor poder.

Hay tres hechos básicos para recapitular. El primero trata de recuperar la memoria, el recuerdo de los hechos y del sentimiento adherido residual, la sensación sentida que forma la adherencia energética, la cual es el objetivo de la recapitulación. Para esto se realiza la lista de todas las historias que han sucedido. Se puede ordenar por temas para simplificar.

Para entrar en contacto con la sensación sentida de las experiencias, se puede utilizar la técnica «focalización para la recapitulación», que se puede consultar en la «Ficha técnica de recapitulación». Esta ficha es una sucesión de pasos que nos ayudarán a descubrir la sensación sentida y ponerle una palabra asidero. Esto ayudará a saber qué es lo que queremos dejar partir. Esta es la adherencia energética, que después de aplicar la técnica de focalización quedará bien localizada y sintetizada.

La segunda es dejar partir, difuminar y evaporar las adherencias energéticas a través del *intento* cuando hacemos la recapitulación que mejor se adecue a cada cual.

La tercera es recuperar la energía, la consciencia, la fuerza que dejamos en aquellas vivencias al no habernos tomado el tiempo de recapitularlas y cerrarlas. Como he dicho, vivimos en ocasiones como si fuésemos dejando pedazos de uno mismo en cada experiencia, de forma que según avanza la vida nos desgastamos. Esto es el origen del envejecimiento que lleva al fin de los días, a dejarnos sin el poder personal.

El intento (el propósito)

El segundo hecho es la acción de soltar y abandonar el residuo energético, movimiento que va acompañado con la respiración. Este está formado por una masa de imágenes, recuerdos, emociones, pensamientos y sensación sentida energética. Esta acción es fundamentalmente una acción procesal energética, que se debe abarcar desde el campo abstracto, metafísico y mágico, al que el sentido cognitivo no llega, ya que hay que utilizar los sentidos sutiles y la conexión con el espíritu. Se realiza desde lo que el camino del guerrero conoce como «el intento», junto con la forma de recapitulación específica que viene explicada en el siguiente apartado.

El intento es la acción que se decreta en unidad y confianza (fe) con el espíritu y en un estado de consciencia ampliada, como una invocación en la que el espíritu, con el que estamos íntimamente unidos, ejerce la acción más allá de lo individual.

Finalmente, cuando se decreta el intento de dejar partir como un propósito en unidad con el espíritu, también se debe hacer el último movimiento, y no menos significativo, de liberar la experiencia vivida de cualquier carga y expectativa que pusimos en ella, con una frase como: «Te libero cualquier expectativa que puse y me libero de las expectativas y proyecciones que puse». Y, por último, añadir: «Recupero la energía que dejé ahí en esa historia», a la vez que visualizamos y sentimos cómo se deshace y parte el residuo energético y recibimos el poder.

El movimiento de recuperación de la energía que dejamos en la experiencia se materializa con el movimiento respiratorio de inspirar, que en la recapitulación es el movimiento final: movimiento de la barbilla desde el hombro izquierdo al derecho a la vez que inspiro. Toda recapitulación tiene una forma de abrirla y de cerrarla. Y por esto es importante el ritual del movimiento de cabeza de derecha a izquierda para abrirla y de izquierda a derecha para cerrarla. En ambos casos el movimiento respiratorio es de inspirar. Al final del movimiento volvemos la mirada al centro, a la vez que espiramos soltando el aliento y volvemos la atención en la postura, al cuerpo.

La mirada en la recapitulación meditativa debe estar posada en el cuerpo y vuelta al interior. La mirada, los ojos son de suma importancia, ya que estos son los que en conexión con el espíritu decretan el intento, son el núcleo del propósito de la recapitulación. La consciencia está unida al poder sutil de los ojos (tercer ojo) y este es el que canaliza la energía. El desarrollo del sentido sutil de la mirada se manifiesta en el despertar del sexto chakra, conocido en la tradición yóguica como el tercer ojo. Dentro de la visión tolteca, refiriéndome a los escritos de Carlos Castaneda, el desarrollo del sentido sutil de los ojos es debido a un movimiento en el punto de encaje que permite situarlo en el punto del *conocimiento silencioso*, donde se entra en contacto con el conocimiento, el espíritu (unión a través del séptimo chakra).

El sexto y séptimo *chakras* son responsables de la seguridad las cúpulas externas de la envoltura energética. Estos son clave para que no penetren ni las proyecciones ni los parásitos que las acompañan. Para que estas dos fronteras de protección estén activadas, el punto de encaje tiene que estar despierto y situado en la posición del conocimiento silencioso. Cómo se llega a esta posición es arduo, laberíntico y misterioso. Es el camino del guerrero de luz. Cuando se ha llegado, simplemente se sabe que se está en ella porque el espíritu se vuelve liviano y con un sentimiento de vacío fértil que nos mantiene despiertos.

Principalmente, me refiero a la práctica de la meditación, descrita en el «Capítulo IV», como la forma más directa y pragmática de despertar los centros sutiles de consciencia (siete chakras). El sexto chakra es el responsable de movilizar el punto de encaje de forma que la consciencia esté en un estado activo, despierto. Este a la vez es la antesala de apertura de la puerta celeste a nuestro yo espiritual, el séptimo chakra, que nos conecta directamente con el conocimiento silencioso. Aunque en sí, todo el camino del guerrero aquí escrito está íntimamente unido y es poderosamente relevante.

La acción del no-hacer es la esencia de la acción del guerrero del campo del espíritu. Esta es de suma delicadeza y, si no el mayor logro del guerrero, es fundamental. Finalmente, el intento en última instancia precisa de la confianza-fe del guerrero de que, sin que se esté desvinculado de la responsabilidad y la atención de acecho (atención consciente), se está finalmente volcado en la confianza-fe que la parte misteriosa del espíritu producirá, ese hacer sin hacer donde el guerrero no llega.

Es importante tener un lugar apropiado para recapitular, donde nadie nos moleste y, a ser posible, que esté apartado de interferencias de otras personas. Como ya he mencionado, somos influenciados por la energía de otras personas, nos guste o no. A no ser que ya estemos en un grado avanzado de conexión con el espíritu y podamos ver directamente la energía. En este caso, la energía foránea no logra penetrar más que hasta una capa superficial, lo justo para ser detectada y repelida. Aun así, lo mejor es estar aislado para este trabajo.

La arquitectura energética externa del ser humano es la de una envoltura energética. Esta envoltura, a la vez, está compuesta de siete diferentes capas de frecuencia, conectadas con los chakras. Estos son a la vez el punto de conexión entre lo interno y lo externo, son los anclajes de la estructura energética del ser humano.

Las influencias externas se canalizan en orden desde las capas más externas penetrando hacia la primera, y si logran pasarlas sin que seamos conscientes, hemos perdido el juego. Aquí reside el meollo del coraje del guerrero: el acecho. El acecho conlleva cuatro fundamentos: la impecabilidad, la no-compasión (no-hacer), la paciencia y la simpatía (Castaneda 1988). Esto a la vez induce y sitúa el punto de encaje en la posición del conocimiento silencioso.

Vivimos en una suerte de ser dianas de las proyecciones. El ser humano utiliza un mecanismo de «descarga»: la proyección. Esta es la suerte que aprovechan los *seres incorpóreos* parásitos para adueñarse de la energía a través de los conflictos emocionales. Así que la impecabilidad se convierte en el arte del guerrero, mantener a raya las proyecciones. Esto se lleva a cabo de dos formas.

La primera, como forma de acecho, de manera inducida por el no-hacer del guerrero y el trabajo que este lleva a cabo a través de la meditación, el ensueño, la recapitulación, las caminatas de poder y las diferentes prácticas de poder.

La segunda, de forma externa, por la unidad con el espíritu, como resultado de este primer trabajo de acecho constante del guerrero. La unidad con el espíritu hace que se abarque el camino desde el campo vasto del espíritu. Es la manera de vibrar en una frecuencia más alta, a la que los seres incorpóreos y las pasiones no llegan. Así lograremos situarnos en las situaciones más adversas y absurdas desde lo que Castaneda llama el «*desatino controlado*»: vivir de forma consciente y aceptando lo absurdo, ser consciente de este juego del programa par*á*sito en el que vivimos.

Recapitulación de los/as ex

Esta recapitulación es muy importante, más si ha habido muchas relaciones. En ocasiones se pasa de una relación a otra sin hacer el duelo de despedida y sin recapitular estas, espacio donde se puede tomar el tiempo de reordenar. Me refiero a sentir la pérdida, dar un tiempo de distanciamiento y, finalmente, dejar ir. Esto facilita ver de manera más objetiva qué no funcionó y que sí, y poder re-apropiarnos del poder que hemos dejado.

En la recapitulación con ex, es muy importante ver la carga que uno ponía. Quiero decir las expectativas que no se cumplieron y que esperábamos que nuestro/a ex las cumpliera para uno mismo.

Muchas relaciones están fomentadas bajo esta premisa de la carencia emocional sustitutiva. Así, en el mejor de los casos, estas carencias por ambas partes deberán estar ciertamente equilibradas para que la relación funcione, y si hay conciencia de ello, mucho mejor.

Lo ideal es que uno se conozca lo suficiente y que el comenzar una relación no sea una cuestión de vida o muerte. Si es así, hay que ver claramente que este juego de intercambio sea equitativo, para que al menos este factor no haga que el barco haga aguas y se hunda.

La vía del guerrero espiritual consiste en recuperar nuestro yo olvidado u otro yo. Esto significa buscarse a sí mismo y no basar las relaciones en la carencia emocional sustitutiva. Esto no significa que no se acepte la parte humana en la que necesitamos a otras personas para evolucionar y vivir, sino más bien ser consciente de este juego para ser impecables en las relaciones que vamos teniendo durante el desarrollo de la vida.

Asimismo, tan importante como ver las expectativas que pusimos es ver las que sentimos que nos pusieron y «fracasamos» en no cumplirlas. Finalmente, todo este juego de expectativas nos sitúa en una posición que se debate entre lo justo y lo falso, aderezado por el contenido emocional, que tanto les gusta a nuestros predadores los *seres voladores*.

Sirva este ejemplo para las demás recapitulaciones. Que nos permita ver dos cosas fundamentales: las expectativas que no cumplimos y las expectativas que no cumplieron.

Lo que esperamos —es decir, las respectivas expectativas en ambas direcciones— es lo que nos esclaviza emocionalmente a través de un juego de la mente dual entre lo justo y lo falso, el amor y el odio, la verdad y la mentira. Finalmente, este juego es la «basura» con la que nos intentan manipular los predadores para atrapar la energía, utilizando la "invisible" *dimensión del bajo astral.*

Recapitular a los padres y abuelos

La recapitulación de los padres y en ocasiones de los abuelos es muy especial y de suma importancia. Es algo diferente de otras personas, por razones obvias. Principalmente, porque ellos son el lazo y línea de vida; por lo tanto, hay que tener mucho cuidado en dejar ir lo que no nos corresponde asumir y recuperar la línea de vida, tan importante, que recibimos a través de ellos.

Por ejemplo, por citar alguno, el asumir el papel de padre o de madre en la relación de nuestros padres, asumir el espacio de un hijo/a no nacido, ser la oveja negra de la familia. Todos estos movimientos nacen del *campo metamórfico de la familia.* Necesitamos verlos con la recapitulación y, desde el más profundo respeto, salir de ellos hacia la posición que nos corresponde. El campo metamórfico es un archivo de memoria de la familia, consciencia-energía, que tiende a perpetuarse a través de las siguientes generaciones con todos sus traumas.

Como ya he explicado, los ojos (en unión con el tercer ojo) son el nexo de unión con el espíritu y los que dirigen y lanzan el intento. Por lo que, al final de las recapitulaciones con los padres, es sumamente importante recibir esta línea de vida a través de traer el recuerdo de la mirada de sus ojos conectándolos con nuestros ojos hasta llegar al ojo interno, más profundamente a nuestra esencia, para que esta línea de vida siga viva en nuestro interior. Esto es una suerte de recuerdo/memoria y de recuperación de energía y de fuerza ingente. Es el regalo de la vida que nos llega a través de nuestros padres, abuelos y sucesión de generaciones; los ancestros.

De esta forma la frase final que pronunciamos en la recapitulación con los padres «Yo me libero de tus proyecciones y expectativas» podemos añadir «Y así me uno a la pura línea de vida».

Recapitular a los maestros

Los maestros se convierten habitualmente en el vínculo con nuestro otro yo, que vemos y proyectamos en ellos. De alguna forma se convierten en un portal a la dimensión cósmica. El error que nos encadena a la ilusión de no realizarnos es no darse cuenta de estas proyecciones. Necesitamos integrar las proyecciones a los maestros en nuestro cuerpo energético y espiritual. Ellos hacen la función de catalizadores de percepciones sutiles que nos abren la puerta al otro yo y a la dimensión sutil.

Con los maestros pasa algo similar que con los padres. Representan la línea de vida espiritual, por lo que debemos tener cuidado en dejar partir lo que no nos toca asumir, como puede ser una estructura rígida y rancia de la enseñanza, y asumir el poder (línea del espíritu) que depositamos en ellos.

Al final de las recapitulaciones con los maestros, es muy importante recibir esta línea de vida espiritual a través de traer al recuerdo el poder que depositamos en ellos. Esto es una suerte de recuerdo/memoria y de recuperación de energía y de fuerza ingente en el interior y en el campo espiritual. Así podemos agradecerles el que se prestasen como vínculo espiritual.

De esta forma a la frase final que pronunciamos en la recapitulación con los maestros «Yo me libero de tus proyecciones y expectativas» podemos añadir «Y así me uno a la pura línea del Espíritu».

El sueño como hecho de recapitulación

A menudo algunos sueños llegan como un intento de cerrar asuntos que están abiertos. Se puede apreciar porque el contenido de estos sueños tiene una carga poderosamente emocional, que nos incomoda o posiciona en una situación que no manejamos, sino que de cierta manera nos maneja. Además, sentimos una conexión clara y poderosa con hechos y personas del pasado. A veces es patente porque aparecen las personas y situaciones vividas, otros indicadores pueden ser imágenes que se fusionan y se transforman.

Podemos recoger este sueño y a través de un análisis u observación conectar con lo soñado, ver el vínculo del sueño con esas personas con las que está relacionado, para así poder recapitular esta relación.

La forma de analizar los sueños es recogiendo todos los recuerdos y detalles de los objetos y sujetos que hemos soñado, vincular cada objeto y sujeto del sueño con una emoción o sentimiento. Esta información ya puede ir dando una pista para la recapitulación.

Los elementos significativos, en ocasiones, pasan desapercibidos, más si no hay un trabajo de poner consciencia sobre lo soñado. En muchas ocasiones, el hecho de traer y recoger el sueño se convierte en una forma de poner consciencia y atención a lo que soñamos, y esto provoca que se vean elementos (emociones, significados, relaciones) de los que antes no nos percatábamos. A veces los sueños más insignificantes se convierten en una joya. Pasa como en la vida misma, el hecho de poner en activo la atención consciente hace que la forma de percatarse de las cosas, el darse cuenta de lo sucedido, se dé.

El propio hecho de recoger los sueños —también pudieran ser directamente los recuerdos— en un diario sobre los sueños de recapitulación es una forma de recapitular. Ya de por sí el sueño de contenido recapitulador, donde se ejerce la atención consciente, es una forma de recapitular tan válida como las otras. Cada uno elige su estilo.

El sueño tiene un poder magistral. Tiene la capacidad de evadir el sistema de defensa del ego, para conectar directamente con los contenidos significativos que claman una atención-consciencia. Así pueden ser liberadas estas cargas, al traer estos acontecimientos con sus contenidos cognitivos y emocionales a la consciencia, para liberar y abandonar la sensación sentida del residuo energético, y recuperar la experiencia y energía dejada en esos aconteceres y personas. Esto se ejerce más allá del hacer voluntarista personal en la recapitulación, una vez se vuelcan los sueños a la consciencia y se realiza el intento. Se constata en el cambio sentido y la abertura en la percepción de la recuperación del poder personal.

La clave en este ejercicio es trabajar desde la atención consciente, que podemos consultar en el correspondiente apartado.

Progresión del trabajo en la recapitulación y el ensueño: la pauta

Este tiene que ser pausado y armonioso, y no depender demasiado de la voluntad personal. Hay que despertar la escucha que nace de una atención constante pero paciente, de una confianza en el proceso, que no quiere decir abandono y falta de implicación. En el proceso el tiempo es relativo, por lo que la paciencia y la amabilidad deben estar en primer plano. Además, hay que cambiar el paradigma, ante todo abandonar el paradigma lineal, tan sometido por la consciencia dualista, y funcionar en el paradigma convergente. Una de las claves es pasar al modo de atención consciente, cuyos axiomas principales son el no-hacer y la unicidad con el espíritu, que nos sitúa en el no-tiempo. La voluntad sometida a la línea del tiempo se presenta como la gran tiranía del ser humano: Kronos. Sin embargo, Kairos en la mitología griega es la voluntad sometida al espíritu, donde tiempo que es vivido con significado.

Para trabajar en el proceso de *recapitular, ensoñar y acechar*, como el arte de la atención consciente, necesitamos implementar los cuatro elementos o axiomas principales: la no-compasión como parte intrínseca del no-hacer, la impecabilidad, la amabilidad y la paciencia.

La no-compasión no quiere decir que nos volvamos unos desalmados y carentes de empatía, sino que se refiere a esa falsa compasión que tanto daño hace por medio del chantaje y que tiene como objetivo principal poner al servicio del programa y los parásitos la energía a través de la voluntad y las emociones. No hay que dejarse llevar y atrapar por una compasión que nace del dogma y del ego, que va en contra de uno mismo, con la que perderemos la energía y el poder personal. En el mundo hay demasiadas personas que se instalan en la falsa santidad, que se expresa muy a menudo como una falsa compasión que lo que busca es la autosatisfacción narcisista de qué bueno soy y qué bien lo hago, cuando en realidad no hay empatía. Es el juego dualista estereotipado del bien y del mal tan instrumentalizado.

Asimismo, el buenismo se convierte en un hacer dogmático compasivo de acomodación que no deja crecer. Hay que saber decir no y no dejarse engatusar por este tipo de chantaje social, alineado habitualmente con el poder. No ceder a los chantajes manipuladores de una falsa emocionalidad puesta al servicio de las pasiones. No ayudamos cuando seguimos y sostenemos el karma de otras personas o grupos, cuando no es la manipulación social. En estas circunstancias, la mejor ayuda es darnos cuenta y no participar en este tipo de manipulaciones.

La no-compasión tampoco debe ser una falsa aceptación, como quien se sitúa por encima "perdonando la vida". La no-compasión es la impecabilidad interna de sostener lo que somos y no ceder ni un ápice, sin perder la mirada humana y consciente.

La amabilidad es esa forma de estar en la vida sin importancia, sin frío ni calor, sin amor-apego y sin odio, con una mente ecuánime y no dual. Esta amabilidad debe ejercerse con la no-compasión, como una forma de aceptar y no juzgar los caminos de otros, aunque los veamos desde nuestra perspectiva errados. El aceptarlo significa comprender que a menudo no sabemos los designios de la consciencia por los que cada cual camina. Esto abre una puerta a la esperanza como sinónimo de confianza en el espíritu. La amabilidad es no olvidar el amor propio y el amor que se expande como forma natural de la naturaleza de la creación.

La impecabilidad es no dejar que la energía se fugue vanamente, para así poder guardarla para el ejercicio de la batalla florida. Esta es la impecabilidad externa que nos lleva a centrar el eje en lo interno. Necesitamos comprender cómo se genera la energía y cómo circula. Esto depende desde dónde situemos la experiencia, de dónde recogemos la energía. Si nos situamos en lo interno o lo externo como foco que nutre el cuerpo de luz.

Cuando estamos enfocados en la experiencia exclusivamente de lo externo, nos volvemos como mendigos que necesitamos el contacto constante con las fuentes de satisfacción. Nos volvemos esclavos de los sentidos y pasiones. Si por el contrario estamos exclusivamente enfocados en la experiencia interna, nos evadimos de una realidad a la que pertenecemos y la cual nos puede ayudar enormemente en nuestro camino. Lo propicio es tener una rica vida de experiencias internas que se dan por los ejercicios de poder: recapitular, meditar, ensoñar, caminatas y ceremonias de poder; y a la vez tener una rica experiencia externa y contacto con la realidad que vivimos, de forma que podemos fluctuar por las dos sin quedarnos atrapados en ninguna. La vida siempre se está balanceando, es como el arca vikinga de las atracciones de feria, solo que el ritmo es impredecible. Este es el gran inconveniente para el ser humano, que siempre quiere tener el control, y el gran reto al que el espíritu constantemente nos confronta.

Así llegamos a la paciencia, como dice el refrán, *la madre de la ciencia*. Finalmente, la paciencia es la confianza y esta es el trabajo constante. Así, si confiamos en la práctica del guerrero de luz que llevamos a cabo, ya no necesitamos impacientarnos y simplemente nos detenemos en vivir con profundidad el ahora. Es en este punto donde se tiene en general dificultad, en la perseverancia. En este sentido, cuando estamos en contacto con una tradición, con un grupo o un referente, nos puede ayudar mucho, como quien despliega un andamiaje hasta que se forma una estructura fuerte que se puede auto-sostener, como sinónimo de haber encontrado la fuerza para perseverar de una manera impecable y amable en el camino del guerrero de luz.

En este sentido, tenemos que comprender en profundidad el trinomio fundamental que viene a explicar cómo se estabiliza la energía: la energía sigue a la mente, la mente sigue al cuerpo y el cuerpo posee el contacto y sigue espíritu. De aquí la importancia de que sea el cuerpo, en ocasiones olvidado, un exponente indispensable y fundamental del guerrero en la batalla florido.

El perdón en la recapitulación

Si bien la recapitulación es clave para detectar y dejar partir la carga del residuo energético, el perdón incorporado en la recapitulación tiene un poderoso efecto limpiador y renovador. Cuando perdonamos y nos perdonamos por las «malas acciones» que se han realizado, nos liberamos de una gran carga.

Una vez que se ha formado el rencor y demás emociones que se forman en torno a este constructo llamado rencor, se necesita des-construirlo para sanar. La recapitulación nos ayuda a ver este proceso, que pasa por ver dónde está el trauma, las interrelaciones, la carga de este. Esta amalgama de formaciones mentales y emocionales actúa como un filtro condicionante con el que valoramos y vivimos nuestras relaciones.

El perdón nos lleva al amor y nos libera. Solo cuando nos perdonamos a nosotros mismos, empezamos a sernos amables, a amarnos, y comenzamos a perdonar al otro soltando el ego herido. El no-perdón se convierte en arma de doble filo, que al primero que hiere es a uno mismo, sin apenas darse cuenta. A un nivel subconsciente, el no-perdón actúa contra uno mismo por dos vías: una como el no-perdón que proyectamos perpetuado y otra como el sentimiento de haber sido maltratado, donde el ego juega un papel determinante. Perdonar pasa por liberarse del ego herido, y el ego es un subproducto de la mente parásita. Recapitular se convierte en una manera profunda de perdonar que sana y libera el ego herido.

Perdonar no quiere decir dar carta blanca al perpetuador, sino que con el perdón nos situamos más poderosamente sobre nuestros valores para hacerlos valer. Una vez liberados de las cargas del ego herido, estamos más fuertes para la batalla florida.

Al final de la recapitulación podemos añadir la frase: «Le perdono por los agravios que han cometido y me perdono por el daño auto infligido y que he podido hacer».

Técnicas de recapitulación: la silla

La silla es una caja de madera donde el recapitulador entra, se sienta y recapitula. Esta caja simbolizará lo que son los elementos de la recapitulación y que forman parte de la historia personal. Se deberá romper una vez se termine la recapitulación. Esta puede durar años.

La forma de recapitular de la caja es una práctica tolteca y la podemos encontrar en el libro de Carlos Castaneda *El don del águila*, donde Florinda le recuerda a Carlos cómo recapituló ella:

Florinda me explicó que el elemento clave al recapitular era la respiración. El aliento, para ella, era mágico, porque se trataba de una función que da la vida. Dijo que recordar se vuelve fácil si uno puede reducir el área de estimación en torno al cuerpo. Por eso se debe usar la caja; después, la respiración misma fomenta recuerdos cada vez más profundos.

Florinda me contó que su benefactor empezó haciéndola compilar una lista de los eventos por revivir. Le dijo que el procedimiento comienza con una respiración inicial. Los acechadores empiezan cada sesión con la barbilla en el hombro derecho y lentamente inhalan en tanto mueven la cabeza en un arco de ciento ochenta grados. La respiración concluye sobre el hombro izquierdo. Una vez que la inhalación termina, la cabeza regresa a la posición frontal y exhalan mirando hacia delante.

Los acechadores entonces toman el evento que se halla a la cabeza de la lista y se quedan allí hasta que han sido recontados todos los sentimientos invertidos en él. A medida que recuerdan inhalan lentamente moviendo la cabeza del hombro derecho al izquierdo. Esta respiración cumple la función de restaurar la energía.

(Castaneda & Agustín, 1982)

Técnicas de recapitulación: el árbol

Esta práctica la aprendí de un chamán conectado con México. Se trata de dar vueltas a un árbol danzando y comenzar a cantarle la vida: «Así la aprendí originalmente».

Se comienza desde la más tierna infancia y se continúa con toda nuestra vida. El árbol será el receptáculo que acogerá nuestro canto recapitulador, transformando esa energía por el poder de su unidad con la tierra y el cielo.

También se puede desarrollar temáticamente para organizarse, en grupos de trabajo, como pueden ser familia, amigos, novias/os, contextos de trabajo, etc.

Esta técnica es la más «sencilla», porque no se precisa hacer todo este esfuerzo de movimiento de reparación acompañado con el cuerpo, sino como una danza donde se le canta al árbol las experiencias.

La meditación de recapitulación

El posicionamiento en la meditación es un campo idóneo para recapitular porque reúne y establece las premisas indispensables para que la recapitulación sea efectiva:

1. Induce y propicia la estabilidad de los parámetros físico, emocional, energético y espiritual; *anclaje.*
2. El anclaje influye en el punto de encaje, que lo moviliza hacia el campo del conocimiento silencioso; *foco.*
3. Propicia la impecabilidad de inducir la presencia de la consciencia no-yo, la sabiduría del vacío; *vacuidad/ ecuanimidad.*
4. Estos tres parámetros convergen formando el campo propicio que despierta la consciencia y sabiduría del corazón; *resonancia del espíritu.*

Se puede encontrar el no-yo como resultado de deshacer la historia personal. En esta ausencia de identidad de un yo personal, de importancia personal (de ego), el espíritu misterioso se puede manifestar descubriendo diferentes matices, recuperando la esencia del ser humano; la conexión con el espíritu que descubre el otro yo.

Tres aspectos de la meditación de recapitulación

Hay tres factores que desde algunas escuelas (zen) se consideran de suma importancia, hasta el punto de pensar que el establecimiento correcto de estos factores asegura llegar a un buen puerto. Estos tres aspectos son la postura del cuerpo, o sea, el posicionamiento estructural físico íntimamente unido al campo energético; la respiración o aliento, que conlleva la acción del cuerpo y de la consciencia, y la actitud del espíritu o mente, es decir, la atención consciente, que conlleva la participación de la consciencia del cuerpo, la energía y la mente.

La postura

Para adoptar la posición adecuada, necesitamos un cojín de meditación, que dependiendo de nuestra elasticidad deberá ser de un tamaño determinado. Así mismo uno puede hacerlo en una silla.

La función del cojín de meditación es elevar nuestra cadera unos pocos centímetros hacia arriba, para ayudarnos a adoptar la posición de loto o medio loto, de forma que las rodillas queden bien apoyadas en el suelo y nuestras nalgas bien sujetas al cojín.

En la posición de loto, el pie derecho está sobre la nalga izquierda y el pie izquierdo sobre la nalga derecha. En la posición de medio loto, el pie derecho está pegado al suelo y la rodilla también, y el pie izquierdo está sobre la nalga derecha.

Si no podemos adoptar esta posición, es importante que las rodillas queden apoyadas en el suelo o que, al menos, sintamos un apoyo sólido en el suelo, por lo que podemos usar apoyos que proporcionen la sujeción en el suelo y una sensación de solidez. Esto crea una buena base de apoyo para el cuerpo, en la que podemos encontrar la estabilidad.

Si nos sentamos en una silla, las plantas de los pies quedarán separadas una cadera y las rodillas formando 90º. Las palmas apoyadas en las rodillas.

Al elevar la cadera unos pocos centímetros, la parte alta de la pelvis se proyecta hacia delante a la altura de la quinta vértebra lumbar, de forma que la columna vertebral queda estirada descansando sobre la pelvis y la masa intestinal liberada para que la respiración fluya libremente. Este detalle propicia el movimiento abdominal que masajea los órganos internos por el movimiento de expansión y compresión de la masa intestinal durante la respiración.

El mentón queda metido con delicadeza hacia dentro de forma que estiramos toda la espalda. Los hombros relajados, los codos un poco abiertos de forma que las axilas puedan respirar y la mirada posada en el suelo e integrada en la propia postura, centrando la atención de esta en el bajo vientre —tres dedos por debajo del ombligo—. La lengua debe tocar el cielo del paladar por encima de los dientes.

Las manos forman un óvalo. La mano izquierda encima de la derecha y los dedos pulgares tocándose con delicadeza; si hay mucha tensión en la unión de los dedos pulgares, estos formarán una montaña y si, por el contrario, están excesivamente relajados, caerán formando un valle. El canto de las manos está contra el vientre cuatro dedos por debajo del ombligo, de forma que el óvalo formado por las manos esté centrado en el bajo vientre. Asimismo, otra posibilidad es que las manos estén simplemente apoyadas en las rodillas, un poquito por encima, con las palmas pegadas a estas.

La nariz está vertical a la tierra, y los hombros, horizontales.

La respiración

La postura adecuada ayuda a realizar la respiración profunda. Y cuando la respiración es silenciosa y profunda, ayuda a la concentración justa.

Generalmente, no somos conscientes de la respiración y esta se realiza siguiendo el ritmo del estado emocional. Cada emoción y pensamiento específico delinea una particular vibración que se manifiesta en la respiración y, en consecuencia, en la energía personal. Si nos damos cuenta de que la respiración, en un momento dado, no es la adecuada de esta relación entre pensamiento, emoción y respiración, podemos inducir un cambio y realizando una respiración suave y profunda, automáticamente influimos el estado de ánimo y las emociones, para darnos cuenta y volver a tomar el cuerpo y la respiración como punto de referencia.

Así, al darse cuenta, hay un soltar la presa durante la espiración que se asemeja a soltar el residuo energético de las experiencias traumáticas que recapitulamos. Así al inspirar, conectamos y nos entregamos aquello que dejamos en las experiencias traumáticas, recuperando la energía que dejamos en estas experiencias.

Una vez que se está sentado y de cierta manera concentrado para comenzar la recapitulación, comenzamos inspirando, llevando la barbilla del lado derecho al izquierdo, como si comenzáramos un medio giro en la rueda del tiempo, recordando y trayendo aquí y ahora la experiencia con los personajes que recapitulamos. Una vez en el hombro izquierdo, se vuelve al centro con una espiración, sacando a la superficie del espejo precioso de la meditación el recuerdo que emergerá espontáneamente, permitiéndonos ver los diferentes matices.

Así se sucederán dos movimientos junto con dos tipos de recuerdos: memorias de residuos parásitos que acompañamos con la espiración y la expulsión de estos, y memorias de recobrar la energía que acompañamos con la inspiración, reincorporando esa consciencia y energía.

Para finalizar la recapitulación que estamos haciendo, la terminamos con un último movimiento, donde colocamos la barbilla en el hombro izquierdo y, movilizándola lentamente a la vez que inspiramos y recuperamos la memoria íntegra recuperada, la llevamos hasta el hombro derecho. Una vez finalizada la espiración en el hombro derecho, volvemos el rostro al frente a la vez que espiramos y visualizamos un círculo dorado en el chakra del corazón, que es el cuarto chakra, Anahata.

La respiración abdominal normal moviliza los músculos abdominales y del diafragma en su realización. Estos deben estar bien relajado para que toda la masa intestinal tenga libertad de movimiento. Al inspirar, expandimos el vientre en todas las direcciones, como si de un globo que llenamos con aire se tratase. Esto permite que los pulmones tengan más capacidad de almacenamiento de aire y también facilita el movimiento de expansión pulmonar al llenarse de aire. Al espirar, aplanamos el abdomen empujando hacia adentro, como un globo que se desinfla, con toda la masa intestinal para realizar el movimiento del vaciado de los pulmones, del aliento y la energía residual.

Para comprender la respiración abdominal, podemos imaginar el llenado y vaciado de un globo a un ritmo suave y armónico. A la vez, si estamos en un estado de atención consciente, junto con el movimiento respiratorio se produce un soltar esos fenómenos que se nos presentan y que emergen a la consciencia.

Este movimiento del diafragma y de los músculos abdominales también facilita la circulación sanguínea actuando como un segundo corazón y disminuyendo el trabajo de este. Del mismo modo, influye positivamente en los biorritmos del cuerpo y en el propio cuerpo energético.

El movimiento abdominal ejercido en la respiración evita que se formen nudos en esta parte del cuerpo, ya que este movimiento efectúa un masaje en la masa intestinal y los órganos internos. A la vez, esta zona se dota de una buena presión. Observad el vientre de un bebé y podréis ver cómo este, como un globo, tiene una buena presión.

La respiración abdominal propicia la apertura del Hara (segundo chakra, Svadhisthana), que es el centro energético donde todas las energías de nuestro ser vuelven a la vacuidad, donde se transmuta la bioenergía (chi) en vacuidad. Este es el centro que equilibra el exceso emocional y de pensamiento.

Finalmente, la respiración se convierte en un acto que nace del Hara, que dota a esta de la energía vital, realizando la respiración cósmica. Esto aporta una mayor consciencia de nuestra respiración y de nuestro cuerpo. A la vez, el Hara está conectado con los diferentes chakras, que manifiestan las virtudes del ser humano.

La concentración: la atención consciente

La manera de pensar durante la meditación es pensar sin pensar. Se trata de dejar pasarlas percepciones, las emociones y los pensamientos como nubes que pasan en el cielo, volviendo continuamente a concentrarnos en la posición correcta (el cuerpo) y en la respiración justa. No hay que oponerse a que las percepciones, las emociones y los pensamientos surjan, pero tampoco hay que alimentarlos. De esta forma, surge un espíritu atento y vigilante (mente testigo) que observa la aparición y la desaparición de las percepciones, emociones y pensamientos, como una manifestación de in-permanencia de los fenómenos de la existencia. La mente pasa de un modo de *piloto automático* al modo de *atención consciente*.

Se debe comprender la in-permanencia no a través de la razón, sino a través de la experiencia de meditación y atención consciente. El espíritu liberado que nace del abandono del ego disipa la ignorancia y unifica cuerpo y mente.

La forma que adopta la concentración mental en meditación, en sí misma, es realizar un espíritu de desapego despierto. La posición de quietud y vigilancia nacida en el no-hacer, en el que participan cuerpo, mente y energía, que facilita el paso a segundo plano de la mente dualista, es una práctica milenaria en diferentes tradiciones de oriente.

Finalmente, la meditación es la realización de la mente sin propósito, sin ego, que se manifiesta naturalmente, provocada por la pérdida de importancia personal. Tan "solo" hay que estar sentado en unidad con la naturaleza, en una profunda respiración que ya no es personal, sino que el universo respira en dentro de ti.

Conviene establecer, durante al menos 10 minutos después de cada recapitulación, una meditación en la vacuidad, la meditación sin objeto.

Pasos en la meditación de recapitulación

Antes de nada, conviene tomarse un tiempo para leer la ficha, para que cuando queramos utilizarla, ya tengamos una idea claro el plan de ruta en recapitulación.

Otra cosa que debemos tener en cuenta es si nos sentimos con el suficiente coraje, energía y capacidad para llevar solos este proceso. De no ser así, quizás sea conveniente tener el apoyo de una persona de confianza que nos acompañe.

Si este proceso nos resulta complicado o demasiado elaborado, podemos realizar una forma breve que consista simplemente en conectar, dándonos un poco de tiempo, con el sentimiento-sensación acuciante y las personas relacionadas, para finalmente formular la frase liberadora: «Yo me libero de las expectativas y proyecciones que pusiste y te libero y me libero de las que pude poner». A la vez, realizo el movimiento de inspirar, de tomar el aliento, moviendo la cabeza desde el hombro izquierdo al derecho y, al terminar, volver la cabeza al centro. Al mismo tiempo, visualizo el sentimiento de cómo esta sensación se aleja y se disuelve el residuo energético, quedándote en un estado de paz.

1. Despejar el espacio interior

- El primer paso consiste en conectar con el cuerpo y el espíritu en una actitud de agradecimiento. Toma un momento solo para pararte y enfoca tu atención dentro de ti, en el vientre o en el plexo solar, sintiendo el flujo natural de la respiración.
- Pasados unos minutos enfocamos y dejamos salir los fenómenos (pensamientos, sensaciones, sentimientos, imágenes) que aquí y ahora están interfiriendo tu bienestar, hasta que de cierta forma se vislumbre lo que interfiere, y sientas algo así, excluyendo eso, yo estoy limpio.
- No respondas o juzgues, deja que tu cuerpo hable. Simplemente toma una actitud abierta a que las cosas que vengan — a menudo hay más de una cosa —.
- Ahora respiramos. Al inspirar conectamos con el espíritu silencioso e intimidad, y al expirar dejamos partir o aparcamos momentáneamente esas cosas que se interponen en nuestro estar presentes, vaciándonos de esto y dejando disponible el espacio interior.

2. Identificar la carga parasita del residuo energético

La primera fase consiste en recuperar el recuerdo, como quien ve una historia o un sueño vivido, que será el material del que resultará la sensación sentida. Los primeros pasos de la recapitulación estarán enfocados en una sucesión progresiva de los sucesos. Así, poco a poco, la sensación parásita y dolorosa y el poder que entregamos en esas situaciones y del que nos desprendimos se irán reviviendo. Son importantes las dos percepciones: la primera es de la que nos deshacemos, y la segunda, la que recuperaremos; el poder personal.

Muy a menudo, las historias suelen empezar con buen pie, o al menos eso sentimos, para más tarde acabar. Bien o mal es una percepción que está atada a la subjetividad, más allá de los valores que se puedan manejar. Ahora, lo que nos traen las experiencias es un poder ver, como una enseñanza con la cual nos conocemos mejor y conocemos otras realidades, para lo que tenemos que estar receptivos y abiertos. Esto nos ayuda a soltar el sentimiento de importancia narcisista, al poder ver desde una perspectiva permite que se produzca la des-identificación. Todo el juego de apegos y pasiones por los que somos devorados energéticamente por los parásitos, que aprovechan este juego, tiene como eje la importancia personal (narcisista) y el ego. Al revivir las situaciones y des-identificarte de ellas y de las personas con las que las viviste, estás deshaciendo tu historia personal y el sentimiento de importancia narcisista que forma el ego se aligera.

- Escoge de tu lista la persona o situación que deseas recapitular.
- Para traer el recuerdo de la experiencia, realizamos un movimiento con la cabeza. La barbilla se mueve desde el hombro derecho al izquierdo a la vez que recojo el aire (inhalar) por la nariz y ligeramente por la boca, para que el aliento llegue hasta el bajo vientre

finalizando la inspiración, y vuelvo la cabeza al centro a la vez que suelto el aire. Al mismo tiempo, traigo aquí y ahora la sucesión progresiva de recuerdos. Una vez traído el recuerdo, entablar el «diálogo» como un observador silencioso, testigo, en el que se observan los matices de la situación, permitiendo que sean el cuerpo y los recuerdos los que responden por medio de la sensación sentida. Este recordar ocupará un determinado tiempo en la medida que haya más o menos recuerdos y experiencia, ya que a más experiencias compartidas, más recuerdos. Tómate el tiempo y las sesiones que necesites.

- ¿Qué sensación tienes cuando recuerdas la totalidad de las situaciones? Aquí, en este punto en el que ya se ha recapitulado la sucesión de recuerdos, ya vamos vislumbrando tanto el recuerdo doloroso, que es parte de residuo energético parásito, como la energía que depositamos y dejamos.

- Deja que la sensación sentida aparezca y quedarme un rato con ella sin añadir ni quitar nada más. Esta se irá volviendo más evidente y clara.

3. Poner "nombre" al residuo energético

- Consiste en que una vez conectado con la sensación sentida del residuo energético, se una palabra, adjetivo o cualidad, frase corta, acuerdo–contrato que realizamos, combinación de palabras o imagen que sintetice, que contiene la esencia de la sensación sentida del residuo energético.

- Cuando se identifica y da solidez el residuo energético se efectúa un movimiento del poder, y cambio de la energía y de consciencia. Esta es una buena señal de que se ha identificado el residuo energético.
- ¿Cuál es la palabra-cualidad, adjetivo, imagen proveniente de la sensación sentida cuando identificamos el residuo energético que se ajusta mejor?
- A veces, solo puede ser una sensación sentida como una mezcla de emociones, imágenes y pensamientos.

4. Dejar ir el residuo energético; Recibiendo el poder

- En este paso, ya tanto la sensación sentida del problema o residuo energético como la fuerza-poder-energía dejada están más claras.
- Ahora necesito dejar ir una y recoger la otra. Para esto, utilizamos la respiración conjuntamente con el movimiento de la cabeza, tantas veces como necesites. La barbilla se mueve desde el hombro izquierdo al derecho a la vez que recojo el aliento (inhalar) por la nariz y ligeramente por la boca, para que el movimiento llegue hasta el bajo vientre. Vuelvo la cabeza al centro a la vez que suelto el aliento. A la vez que realizas el movimiento conjunto con la respiración, principalmente te concentras en tomar el aliento, recuperar la fuerza que dejaste y dejar que se vaya el problema diciendo mentalmente o en voz alta la siguiente frase: «Me libero de cualquier carga, proyección y expectativa que me pusieron. Te

libero y me libero de las que yo puse», visualizando y verbalizando la palabra o imagen asidero.

- Y por último: «Aquí y ahora recupero la energía que dejé ahí en esa vivencia», dándome un tiempo para conectar con esta sensación sentida, sintiendo como en la medida que algo se va, recupero el estado de gracia antes del contacto con la situación acuciante.

- Para el ejercicio de dejar ir, necesitamos hacer uso del intento: utilizar el sentido sutil del tercer ojo, que se materializa en la mirada de poder que reúne la consciencia del problema como de la fuerza (las dos palabras asideros) y la conexión con el espíritu, que es el posicionamiento del punto de encaje en el conocimiento silencioso.

5. Abrazando el cambio

- Venga lo que venga, dale la bienvenida. Toma la actitud de gratitud, el espíritu te ha hablado. Esto es un cambio que moviliza el punto de encaje.

- Tómate unos minutos para estar en el silencio y disolverte en no–hacer de una manera consciente, en unidad y abandono al espíritu.

- Solo necesitas recibirlo. Pronto experimentarás profundamente que una vez aceptado lo que viene con un cambio, moviliza tu poder.

- Para finalizar, puedes escribir en un papel la frase, palabra o imagen del residuo energético parásito que has recapitulado, para, finalmente, darle fuego. Este es un acto psicomágico que ayudará a transformar la energía.

- Ahora que sabes dónde está, puedes dejarlo y volver a ello más tarde. Hay recapitulaciones que volverán solas otra vez como una señal de que no se han ido completamente, por lo que necesitan una nueva recapitulación.

Precauciones sobre la recapitulación

Primero, el tiempo y energía que dedicamos a la recapitulación tienen que ser proporcionales a nuestras fuerzas, para que seamos capaces de integrar y no ir demasiado rápido. A la vez, es muy aconsejable dedicar un tiempo similar al de la recapitulación para disolverse en el silencio y en el vacío. Esto también puede ser a través de caminatas de poder, o sea, el procedimiento que acostumbramos. Ayudará también mucho encuadrar este trabajo dentro de un marco espiritual o dentro del camino que cada uno tenga. Las ceremonias de purificación y de agradecimiento son una buena forma para ayudar a la recapitulación. Igualmente, tener presentes a nuestros maestros espirituales, guías internos y aliados de luz, invocando su protección.

Hay que ser consciente de que al trabajar la recapitulación estás trabajando con energías densas que estás desplazando y movilizando. Estas energías es muy probable que no quieran irse así como así de su «jardín», que eres tú. Por lo que tendrás que estar muy atento e impecable para presentar batalla florida a estas respuestas, que muy seguro intentarán usar tu importancia personal para presentar batalla como una forma de seguir instaladas. Deberás practicar la no-importancia personal, la impecabilidad de tus acciones, la aceptación del absurdo y de la in-permanencia, la paciencia y la simpatía; en resumen, las virtudes del guerrero florido.

De alguna forma, los seres incorpóreos se alimentan de nosotros y cuando les damos nuestra atención, también les damos la energía. Así que es conveniente no centrarse en ellos y sí en las consecuencias, ya que, al fin y al cabo, quiénes somos nosotros para juzgar a estos seres. ¿Nos tomaríamos algo personal con un virus o microbio? Pues a estos seres es aconsejable considerarlos de una forma similar y no personal.

Una de las reglas del trabajo con el perder la importancia es el no considerar nada como personal. El juego de lo personal es gobernado por una consciencia dualista de bueno y malo. Hay que cambiarla por otra más pragmática de similitudes que nos permita salir del juego de las culpas, que puede atraparte tu energía emocional. La similitud es el reconocimiento y respeto por los diferentes, que no son ni peores ni mejores, esto es una ilusión. Aunque esto no quiere decir que algo nos puede perjudicar y, por lo tanto, necesitamos evitar, distanciarnos y, si se ha instalado, botarlo.

Es muy importante tener en cuenta que hay una línea muy fina entre recapitular y darle bola al ego. Recapitular no debe significar sacar pelotas fuera y no responsabilizarse de nada, ya que estaríamos cometiendo un error garrafal. Y esta tarea es de las más complicadas. Se necesita un gran ejercicio de sinceridad, para ver qué propiciamos y qué «regalos» nos está trayendo la recapitulación. Para hacer esto tiene que haber ausencia de juicio personal en la recapitulación para poder ser imparciales y hacer la separación del ego, de la historia personal. He aquí la importancia de contar con ayuda externa si no te sientes preparado. De todas formas, erramos a menudo; lo importante es tener el coraje de darse cuenta y corregir. El camino en gran medida es así, un constante errar y volver al camino. Por esto nunca se debe creer uno aprendido, sino más bien en un proceso abierto: Ser un eterno aprendiz.

II. El no-hacer: hacer sin hacer

No-hacer: el paradigma del guerrero espiritual

Una vez que se está en el camino del acecho, la virtud principal a cultivar es no-hacer, para poder ser guiado por el Espíritu. El vínculo con el Espíritu nos permite vislumbrar la existencia desde un campo amplio que está más allá del campo individual y conectar con el otro yo.

Para llegar a este no-hacer, el guerrero espiritual cultiva el arte del acecho. Las enseñanzas de don Juan (Castaneda, 1981) consideran que está formado por cuatro axiomas: la impecabilidad, la no-compasión, la simpatía y la paciencia. El no-hacer se materializa a cada instante, pero también a la vez hay varias prácticas para entrenar y propiciar el no-hacer: la recapitulación, la meditación, el movimiento vacío (pases mágicos), el ensueño y las marchas de poder. Todas estas prácticas de poder tienen un principio común como axioma dominante: el no-hacer, hacer sin hacer.

Finalmente, podemos darle un nombre específico al no-hacer: el intento; o sea, hacer sin hacer, el hacer del guerrero de la luz, el hacer en unidad y en vínculo con el Espíritu. Este es un modelo que supone un nuevo paradigma evolutivo.

El paradigma convergente del tiempo: modelo cuántico

El paradigma progresista, como sinónimo de la proyección al logro, de postergar la recompensa y de estar sometidos a la «tiranía» del tiempo (paradigma lineal), está siendo integrado en el nuevo paradigma transhumanista, donde el ser humano se concibe en términos de modificación y optimización, tanto biológica como mecánicamente, tomando como modelo ideal el cíborg. Este paradigma concibe la existencia en términos exclusivamente técnicos, instrumentales, cognitivos e intervencionistas.

El paradigma convergente tiene como sus principales axiomas: posicionar la experiencia en el aquí y ahora, y la concepción de la experiencia como sinónimo de energía y consciencia. Concibe la existencia en términos orgánicos, de energía y consciencia, donde el espacio-tiempo no se concibe en términos estrictamente lineales, sino convergentes. Su proyección no está en el futuro, sino en diferentes puntos significativos del espacio-tiempo, que tienden a converger en el aquí y ahora. El guerrero de la luz tiende a unificar estas memorias que convergen como elementos significativos, a recordar y a recapitular esta consciencia, que será el material de poder que le permitirá desarrollar la potencialidad inherente.

Podemos usar como analogía para exponer estos dos paradigmas la línea y la esfera. El paradigma lineal, tomando la línea como analogía, tiene una serie de puntos progresivos relacionados con el pasado y el futuro que tienden a converger al final, la muerte. En el mejor de los casos, el logro es la mayor hazaña de este enfoque. El paradigma convergente, tomando la esfera como analogía, concibe la vida como parte de una totalidad que tiende a unificarse en un punto convergente de información, conciencia y energía que lo completan. Así, los puntos de referencia pueden estar tanto en el pasado como en el futuro, así como en otras dimensiones existenciales, ya que este es un enfoque cuántico, mágico y misterioso, que tiene como principios valedores del misterio que se revela la conciencia y la energía que recupera para converger como poder.

La manera pragmática de llevar a cabo el paradigma convergente es el arte del acecho. Para esto, el guerrero espiritual lleva a cabo la recapitulación, los sueños lúcidos y/o la meditación.

En todas estas prácticas, el proceso que se lleva a cabo de una forma más accesible a la mente racional es la recapitulación, que permite recuperar el recuerdo —memoria— y con él, la historia personal. De cierta forma, al lograr recuperar y tener enfrente la historia personal, es como si se nos mostrase una máquina del tiempo que nos permite ser espectadores de las historias en las que nos hemos visto implicados y, de esta forma, desandar el tiempo. Con esto, se puede liberar la energía capturada y retenida en estas experiencias. Así el guerrero se convierte en un mago que puede «moverse» por el espacio-tiempo y dimensiones paralelas.

Este proceso se amplifica en la medida en que el estado de conciencia también lo hace, y esto es lo que procura que el punto de encaje se movilice hacia la posición del conocimiento silencioso. Es en esta sutil posición donde se produce un «milagro»: utilizar esta particular máquina del tiempo para sintetizar y deshacer la historia personal, recuperando la energía y el poder dejado anclado en estas experiencias.

En este proceso se libera una cantidad de energía ingente que a la vez redunda en el poder que el guerrero lleva a cabo, provocando una mayor visión y penetración en el conocimiento y realización. Se necesita una cantidad de energía ingente para realizar este movimiento de deshacer la historia personal, de ahí la importancia de que el camino del guerrero necesite ser impecable, en el sentido de cómo se relaciona con la fuerza o energía, tanto en el tonal como en el nahual.

La localización del punto de referencia "físico" en el paradigma convergente y de consciencia es el cuerpo; a la vez, este es físico y energético. Más concretamente, se sitúa en el corazón (Anahata) en conexión con el ojo interno o tercer ojo (Ajna) que está unido al *punto de encaje*, como primer perceptor y catalizador de la energía y de la consciencia. Es curioso que el centro Anahata se cortocircuite con las emociones que están localizadas justo por debajo de él. Es aquí, debajo de este punto, donde energéticamente implantan y activan la conciencia parásita los seres incorpóreos, siendo un centro desbocado de emociones parásitas que influye perversamente al pensamiento, las construcciones mentales y las emociones.

La sobreactuación del sistema cognitivo reduce la vida a un campo de la razón, así lo que se siente e intuye queda excluido y, con ello, la propia experiencia de la vida. Esto hace que estés en manos de los depredadores, ya que tú mismo vas a cerrar las principales vías de protección: tu cuerpo como ente energético y espiritual en contacto con el Espíritu.

La práctica del acecho se convierte en una constante práctica de sintonizar y potenciar el sentido sensorial, el corazón —y diferentes chakras — en conexión con el ojo interno interactuando con el punto de encaje, con las prácticas de poder —meditar, recapitular, ensoñar, etc. —.

El paradigma lineal del tiempo es una suerte de creencia que domina la conciencia y procura que la vida ordinaria se organice exclusivamente a su alrededor, dejando fuera cualquier elemento que no encaje en sus postulados. De cierta forma, reduce a sus postulados las posibilidades de concebir y proyectar la existencia. Está socialmente aceptado y configurado, es decir, son dogmas compartidos por la idea de progreso cientificista que vino a extirpar la conciencia arcaica míticamente anclada desde la antigüedad: la conciencia mágica y misteriosa, el espíritu. Se ha extirpado todo aquello que no se puede «demostrar», como se dice en la ciencia, de una forma científica. O sea, todo aquello que no se puede observar y replicar en un laboratorio.

Podemos decir que el paradigma convergente contempla cómo potenciar y utilizar el poder misterioso de los sentidos sutiles para penetrar el campo espacio-temporal y recuperar el poder y la unidad con el espíritu. El guerrero espiritual se convierte en un viajero del tiempo, como un centinela que alcanza a ver desde la atalaya del conocimiento silencioso la consciencia y los misterios del poder.

El principio del no-hacer. La esencia del paradigma convergente

El principio de no-hacer nos lleva a parar el modo piloto automático gobernado por el programa foráneo y posicionar la consciencia en el modo atención consciente.

Necesitamos parar para no quedarnos atrapados en el programa y escuchar. Para ello se lanza el intento de parar y escuchamos. No lo hagas por ti mismo porque lo estarás haciendo desde el hacer. El intento lo que aporta es hacerlo que se hace desde el no-hacer. Esta es la forma de abandonarse al gran misterio, y así lo mismo con todas las experiencias. Cuando no sepas cómo relacionarte, párate, lanza este intento y escucha. Esto no significa no estar presente, atento y consciente, solo que se hace desde una perspectiva testigo, dejando hacer el no-hacer. Para esto la meditación de la atención consciente es un buen entrenamiento.

Cuando algo se presta, se retira la intención voluntarista y se deja espacio para que suceda lo que sea. Así uno se posiciona en el no-hacer. La intención es el movimiento del ego hacia uno de sus objetivos. No es lo mismo intención que propósito; uno parte del ego y el otro de la unidad con el espíritu como sinónimo de confianza certera.

Un lugar de poder puede ser una práctica de poder. Este es un lugar, espacio o estado perceptivo, donde el poder del espíritu se manifiesta con una intensidad inusual. Estos contextos especiales movilizan el punto de encaje y lo sitúan en la posición del conocimiento silencioso. Entonces, cuando lo encuentres debes recordarlo y anclarlo en la experiencia. Así podrás posicionarte en él siempre que quieras. Este, a la vez, te abrirá la puerta del no-espacio-tiempo; aquí y ahora.

Los lugares de poder pueden darse de dos formas: una externa, como un lugar físico, y otra interna, como un estado interno. Por ejemplo, la meditación y el ensueño son dimensiones de poder. En la meditación, el cuerpo representa un micro universo de poder, que sintetiza las dos formas del espacio de poder: la externa física (el cuerpo) y la interna como estado interno de atención consciente (la consciencia). Y, por supuesto, están los lugares sagrados de poder, donde el Espíritu emana con especial intensidad.

Por mucho que sintamos que se ha avanzado en el camino, no hay que pensar que hemos llegado totalmente a este principio, ya que de cierta forma estar anclados en este principio no depende totalmente de uno, sino del intento y del espíritu. El intelecto dualista debe estar al servicio del espíritu y no al revés. Como dijo un sabio: «El intelecto es un buen sirviente, pero, sin embargo, se convierte en un mal amo».

A este respecto, en un encuentro con el nahual, este me dijo: «Llevas tanto tiempo enredado en las redes del programa que has olvidado algo». Al centrarte en la percepción abierta y no programada, irás recordando memorias de tu otro yo y otras que te ayudarán a liberarte. Ahora, ¿cómo sales del programa? Escucha bien. No desde tu querer, sino desde el intento de querer salir, y así el poder se irá abriendo y descubriendo un mundo nuevo para ti y a la vez reconocido, recordado. Ahora, es muy importante que realices movimientos: regresar a tu lugar de poder, ser impecable, ir más allá de la comodidad —o sea, salir de la zona confort—, meditar, etc. Todo esto para recapitular y acumular poder, no para ti, sino para la batalla florida del guerrero espiritual.

El ego es un parásito sediento que se ha insertado en ti, pero este no es parte de tu consciencia genuina, es algo foráneo que ahora crees tuyo. Este es un implante que se ha instalado desde la dimensión astral. Todo lo artificioso del mundo en el que vives es el contexto desde donde se instala el programa. Cuanto más participas en él, más influenciado y programado eres. Por esto, en el camino del guerrero, este se «aísla» para salir de la influencia del programa.

Cuando te sientas atrapado en la mente programada y en su multitud de formas, todas desconectadas de la mente luminosa, ve a tu lugar de poder, lanza el intento y escucha. Y si hace falta, solicita ayuda a los diferentes talismanes de poder que tengas a tu alcance.

En la simplicidad (no-hacer) se manifiesta la luz. Así, permanece acechante, pues la oscuridad también permanece al acecho.

«¿Cómo puedo saber si estoy actuando desde el ego?», le pregunté. Una manera sencilla es mirar el cuerpo: la mandíbula, el pecho, el vientre, los hombros; cualquier parte del cuerpo que pueda acumular tensión, pues esta delata el ego acechante.

Asimismo, observa dónde está la consciencia: ¿estás en un modo de atención consciente? No podemos hacer mucho para que la consciencia cambie, pero sí podemos activar y situarnos en el estado de atención consciente. Este produce una diferencia significativa en la vida.

Le pregunté: *«¿Cómo apoderarse del ego?, ¿hay alguna forma?»*. Relaja esa tensión que puedas acumular, date cuenta y déjala partir; es más, mándala fuera. Haz el intento para que esta tensión se marche y te relajes. Así es como la energía cambia de dirección, de adentro hacia afuera y no al revés, así uno se convierte en la fuente luminosa.

La necesidad de tener que hacer, de elegir y de rechazar se puede convertir fácilmente en un cáncer. De ahí la importancia de enfocar el hacer en el no-hacer; de esto ya te he hablado antes.

La muerte como consejera

La escucha es un aspecto primordial en el arte del guerrero, la escucha como parte intrínseca del acecho: percibir desde la atención consciente. Esta escucha, entre otras cosas, nos lleva a percibir y aceptar el tránsito de la existencia y la insustancialidad de los fenómenos.

El ego es lo que te han hecho pensar que eres y que has creído. Sin embargo, es una conciencia foránea que se ha insertado con nuestro consentimiento. Para ello han utilizado la socialización y la eliminación de la capacidad de poder percibir la realidad in-permanente desde el espíritu.

Vivimos en una cultura en la que la muerte física se esconde; es como vivir de espaldas a una realidad y como si la muerte no formara parte de la vida. Así pareciera que uno está de vacaciones en esta vida, posponiendo muchas cuestiones que por el hecho de creer que son ajenas no se tratan. Cuando la muerte toca nuestro hombro, todo cambia y la vida toma un sentido efímero que trae de un solo golpe al aquí y ahora. La presencia de la muerte nos deja ver qué se quiere y cómo emplear su tiempo de una forma concisa y determinante. El tiempo es un don precioso que tenemos. Cómo vivimos este tiempo determinará cómo afrontaremos y desde dónde el final de la vida en este plano.

La muerte es un proceso que el ego teme. Con ella el guerrero espiritual se alía, teniéndola como consejera. Es el ego el que muere. La muerte es cambio y transformación. Hasta dónde llegue la consciencia de esto depende del camino de cada cual. La muerte es un cambio de plano. Por esto, es importante ocuparse del asunto mientras vivimos, para darle un lugar y sentido, y confrontarlo para propiciar nuestra mejor versión.

El no-hacer, modelo experiencial

El no-hacer es una actitud y posicionamiento de la consciencia, cuyo objetivo es «detener» movimiento de la mente dualista, y un factor importante para que se movilice el punto de encaje. Hay que entender que una cosa son los pensamientos, emociones, recuerdos y constructos mentales, y otra la mente, donde también se manifiestan los sentimientos puros o virtudes. La mente es la semilla luminosa que puede dar cobijo al ser genuino o ser devorada por la mente parásita.

Las virtudes son la manifestación de la consciencia humana como un conglomerado de cuerpo de energía y conciencia. Para que estas se manifiesten, es necesario tener saneado el campo vibratorio y que no estén vibrando inconscientemente formaciones mentales y emociones que están ancladas en traumas del pasado.

¿Cómo adoptar esta disposición y actitud de no-hacer? La meditación se muestra como el camino más significado para entrenarnos en este conocimiento del no-hacer.

Para poner en práctica el no-hacer, hay que cambiar la mente que está en modo piloto automático, para así dejar de estar movilizados por el campo emocional inconsciente, que de ordinario se sostiene sobre un constructo experiencial traumático. Este factor drena constantemente la energía al ser humano. Este cambio de eje de «atención» es el modo de parar la mente ordinaria.

Las emociones, como el miedo, la cólera, la avidez, la culpa o la envidia, son parte del residuo que parasita la energía del ser humano, lo cual necesitamos liberar. En este sentido, la recapitulación, como factor que desmonta los hábitos viciados que atan al inconsciente emocional y promotores del residuo parásito, se presenta como una forma de volcar a la consciencia el inconsciente emocional y de liberar la energía que esta atrapa.

El ego es una concepción de la vida sostenida poderosamente sobre la idea «trampa» de progreso, logro y consecución de objetivos, instaurado a través de una socialización reproductora de un sistema foráneo e indiferente a las genuinas necesidades humanas. Este obedece a una visión contraria y que mina la capacitación de vivir desde el aquí y ahora, lo inmediato. La mente original tiene la capacidad de sorprenderse y estar por sí misma en estados naturales de autosatisfacción y de autorregularse. El ego viene a interferir y posponer la experiencia autorreguladora del aquí y ahora.

La idea de logro es la trampa del ego. Pensar que hay un yo que es el responsable de crear un estado en particular, provocar que se esté corriendo constantemente tras la zanahoria, cuando en realidad el yo como uso equilibrado del raciocinio dualista, en el mejor de los casos, es el que escruta cómo funcionan los mecanismos del logro. El éxtasis de las experiencias por sí mismas es la manifestación de la naturaleza de los sentimientos simples e inherentes a nuestra naturaleza, la consecuencia de despertar los centros sutiles de vibración o chakras.

A través de la práctica de la meditación, se entra en un estado de consciencia donde se cambia el modo de la mente ordinaria, se pasa de un modo piloto automático a un modo de actividad de atención consciente. Poco a poco, por el mérito de la observación consciente, se va desenredando la trama del ego, des-construyendo esta maraña que ata la mente al inconsciente emocional. Este es un trabajo lento, en el que implementar los atributos del guerrero: la paciencia, la amabilidad, la impecabilidad, el no-hacer, la no-compasión.

La práctica de meditación sobre el vacío, sin objeto, también tiene un efecto de recapitulación. Si se necesita recapitular, se puede emplear la meditación de recapitulación especificada en esta obra.

La meditación sin objeto, clásica en el vipassana o en el zen y otras tradiciones, tiene un propósito que va más allá de ser un hecho exclusivamente de recapitulación. Nos lleva a tocar la esencia de la naturaleza despierta del ser humano, puerta de infinidad de sabiduría y virtud.

El tirano como reto. ¿Quién se ofende?

Nuestros enemigos son los que más profundamente nos confrontan con la importancia personal. La relación con ellos se convierte en una oportunidad que nos da la ocasión de ir más allá de nuestros límites. De alguna manera, nuestros enemigos se convierten en nuestros maestros, ya que es a través de la confrontación con lo que más fuerza rechazamos, donde podemos darnos cuenta de los entresijos del ego. De alguna forma, nada sucede si no es con nuestro consentimiento. Finalmente, es en uno donde se asienta el odio, la cólera, la avidez, la ignorancia…, y donde se siente el malestar. En consecuencia y sin darse cuenta, uno da su energía a estas densas vibraciones del inconsciente emocional. Más allá de la justicia y de los valores ligados a la cultura, todo sucede en nuestro interior, y esto de ordinario no es fácil verlo; el diablo siempre esta fuera.

En el contacto con el «enemigo», el tirano, se manifiesta la tensión crítica como un sentimiento de malestar. Es en estas situaciones en las que podemos darnos cuenta de cómo la tensión es alimentada por nosotros cuando no la aceptamos y volcamos o proyectamos la culpa y responsabilidad en el otro. Y no es que los otros no tengan su parte, sino que uno rechaza esta polaridad y da su fuerza y su poder a ella. Cuando nos damos cuenta y comenzamos a aceptar cómo las densas vibraciones nos están absorbiendo y dominando, es el preciso momento en el que debemos poner luz y consciencia aceptando y manteniéndonos impecables en una atención consciente que nos conecta con nuestro otro yo, que surgirá como un consejero que nos permitirá recapitular e ir un paso más allá. En muchas ocasiones, hay que ser sincero, bajarse de la burra y ver qué parte inquieta al otro y es «culpable» para poder llegar a una conciliación con nuestra conciencia.

La clave nos lleva a comprender estas emociones y sensaciones que fluyen en los conflictos, a ver la mente parásita que se implanta por debajo del plexo solar. Asimismo, ver cómo nos identificamos con esta energía densa, contra la que, cuando queremos, luchamos, y cómo uno mismo quiere tiranizar.

Cuando comenzamos a darnos cuenta de la mente parásita, la visión del tirano también cambia, ya que comenzamos a verlo no exclusivamente como un tirano, sino como un ser que está siendo utilizado por fuerzas ocultas, cuyo objetivo es que bajemos la frecuencia de vibración vital. Es en esta situación cuando pueden dominarnos energéticamente los seres voladores.

Por otra parte, saberse por debajo en la escala predadora nos hace más humildes y empáticos, y nos permite relativizar la importancia personal. Si somos capturados por un gran tirano, pasaremos por procesos que nos sitúan por debajo en una escala predadora, ya que si no fuese así, no nos sentiríamos tiranizados y esclavizados, simplemente asumiríamos con mayor o menor resignación.

Así también, los procesos por los que pasa la sociedad, como pueden ser las guerras, las crisis, las pandemias, etc., son procesos que se imponen como algo que no queremos, como una tiranización del medio, a menudo instrumentalizado, que igualmente que la relación con un tirano, nos pueden servir para conocernos mejor y relativizar la importancia personal, y, en consecuencia, ser más empáticos y congruentes.

La tiranía nos obliga, en el mejor de los casos, a ser impecables para que más allá de las vibraciones densas de estas tiranías pueda subsistir nuestra esencia. La mayor prueba por la que todos pasaremos tarde o temprano, la muerte, es el sometimiento de todo lo que pensamos que poseemos y que es sostenido por el ego, como síntesis de la importancia personal.

Así, cualquier situación o persona crítica que se presente como proceso tiránico puede ser la ocasión de despertar o sucumbir, tarea que no es fácil para nadie y, en ocasiones, imposible en una sola vez.

Recuperar el poder

Para hacerte accesible al poder, se necesita tener la capacidad de empezar a ver el movimiento de los seres devoradores, y así cambiar la cadena parasitaria de energía. Vivimos en una suerte de ilusión construida por una inteligencia que la usa para que seamos el sostén, es decir, esta inteligencia nos usa como alimento y sostén.

En el budismo, Mara es el artífice del mundo como una ilusión en la que los seres humanos están atrapados en el ciclo del Samsara. Mara intentó conquistar al Budha cuando despertó bajo el árbol de la Bodhi, para que no transmitiera la enseñanza (Dharma) que él mismo descubrió y tomar su poder. Esta historia viene a ilustrar cómo la ilusión que Mara crea es para mantenernos en la ignorancia y parasitados.

Esta inteligencia habita en una suerte de realidad que corresponde a otra dimensión que no pertenece a la tercera dimensión, en la que básicamente se mueve el común de los mortales. Estas entidades se alimentan de la energía que logran capturar en nosotros. Si a alguien le cuesta aceptar esta realidad, le sugiero que en el lugar de los seres voladores ponga a la élite, cuyo objetivo principal es el dominio, como una expresión de su avidez sin límites.

Por un lado, como parte de la creación, somos parte y sostén. Y, por otro lado, están los seres voladores que viven de la energía densa emocional. Estos seres intervienen a través del inconsciente emocional para atrapar la energía. Es la forma como ordeñan a su ganado.

Pensábamos que éramos la cúspide en la cadena depredadora, pero no es así, hay más. Esto nos puede llevar a ser más humildes y empáticos con los demás seres que están por debajo en la cadena y, en consecuencia, bajarnos de la importancia personal, pues esto relativiza nuestra importancia y nos ayuda a des-identificarnos con la idea de importancia personal.

Al darnos cuenta de la posición que ocupamos en la cadena predadora, dejamos de entregar el poder, al menos hasta donde llegamos y podemos. A la vez, la cadena predadora cambia en la medida que uno cambia. Este es el primer gran cambio para comenzar a asumir el poder y no andar entregándolo y entregándonos a «nuestros vicios», en consecuencia, a estos seres.

Estos seres pertenecen a una estirpe oscura y densa de energía, algo así como los seres del inframundo. Podemos «comprenderles», porque en parte hemos compartido su vibración y las vivimos cuando entramos en frecuencias bajas y densas de energía: la cólera, el miedo, la envidia, la ofuscación, la gula, la pereza, etc. Todas estas son emociones predadoras cuyo epicentro está en el vacío existencial, el sentimiento de carencia sin consciencia.

Esta inteligencia ha insertado un programa a todos los seres humanos por debajo de nuestro plexo solar, que nos evoca a tener el tercer chakra, la voluntad y el propósito de vida, re-direccionado a la oscuridad, persiguiendo objetivos que nos posicionan en el inconsciente emocional y en las pasiones.

Por otro lado, y como vibración de la más alta frecuencia, está el Espíritu, como vínculo y manifestación la naturaleza en los seres humanos.

El camino de recuperar el poder personal pasa por desmontar el programa depredador, dejar de entregarle la energía que la creación ha depositado en cada uno. Para esto implementamos la actitud de proyectar la luz (consciencia) sobre la sombra (inconsciencia), para que el programa salga a la luz.

Esta acción es el arte del acecho y de la atención consciente. Esta puede desarrollar el poder «personal» por medio de recapitular, meditar, ensoñar y realizar caminatas y ceremonias de poder, situándonos en armonía con el espíritu y encontrando el propósito sagrado de cada cual.

Recapitular: romper los contratos de fidelidad y automandatos

Recapitular es deshacer la historia personal, y esto en gran medida pasa por romper contratos de fidelidad estereotipados, que han sido integrados sin previa masticación y digestión (acuerdos introyectados). Estos se van «firmando» y van sucediendo conforme vamos viviendo y teniendo experiencias, que bien surgen como mandatos jerárquicos, o bien como defensas ante un trauma.

Los contratos de fidelidad estereotipados son el origen de la rebeldía, que por un lado confronta lo que es rechazado, a la vez que viene ordenado por la línea de vida o figuras de poder. Este es el juego de los seres voladores, «introducir el programa (virus) por la sangre». Lo que quiero decir es que si los mandatos son relacionados con la línea de vida —esto es, nuestros progenitores—, estos crean un conflicto que moviliza el inconsciente y, de una forma u otra, atrapan y movilizan el inconsciente emocional.

Para romper los contratos, necesitamos tomar la responsabilidad de que, de alguna manera, los hemos sostenido con nuestro consentimiento, consciente o no, y así poder abandonar el papel de «víctimas» y, en consecuencia, de perpetuadores. Un juego que se perpetúa cíclicamente, hasta que nos hacemos responsables de lo que nos sucede y recapitulamos dejando atrás esos contratos de vida coercitivos.

Para esto necesitamos ver el consentimiento voluntario, consciente o no, para así abandonar las proyecciones de todo eso que rechazamos y con lo cual nos mantenemos identificados inconscientemente; en consecuencia, estamos atrapados por estas trampas.

El sentimiento de importancia personal nos sitúa en el paradigma del dualista del ego, por el que concebimos la ilusión de la vida en un código dual, como verdadero y falso, bueno y malo, feo y bonito, etc. Esto irremediablemente encierra la mente en el límite de la percepción dual, atrapada en las pasiones. Es muy difícil romper el código dual de las pasiones, porque estas tiran de la mente-corazón a través del cuerpo. Se necesita una cantidad ingente de energía y consciencia para traspasar estos límites. Este es el camino del guerrero de la luz: su gran enemigo.

El Gran Espíritu

Si tu vida se sitúa en el horizonte de la pobreza interior, es porque te han «robado» e ignoras el Gran Espíritu, que es parte intrínseca de la naturaleza de la cual, sin saberlo, formas y eres parte. Así te roban tu esencia semilla de luz y, en consecuencia, el vínculo unificador con el Gran Espíritu, que es la riqueza de la capacidad de comunicarse con lo que te rodea desde el abstracto con tu otro yo, con los seres amados, con los seres sensibles, con el poder de ver los conflictos, con la madre naturaleza, con el universo. Al perder tu capacidad de conexión con el Gran Espíritu, pierdes la capacidad de la percepción de lo abstracto, y con ello la mayor virtud del ser humano: percibir y concebir el espíritu sagrado e inmanente de los seres y de la naturaleza.

Para percibir el espíritu sagrado, necesitamos tenerla energía e impecabilidad suficiente. Nos ponemos en contacto con el espíritu cuando estamos llevando alguna tarea de guerrero de luz; el espíritu sale al paso y pone frente a nosotros eso que nos aporta y necesitamos. Este toma multitud de formas, que la impecabilidad desentraña.

Para escuchar y percibir el espíritu en los seres y en la naturaleza, necesitamos tener despiertos los sentidos sutiles. Los «ordinarios» perciben solo una parte de lo que se puede. Así, debemos despertar los sentidos sutiles, que van a ser un gran reto que descubrir para la batalla florida.

III. El ensueño

El sueño consciente

El ensueño es un mundo paralelo de doble tránsito, donde encontramos y realizamos la batalla florida como una acción de poder.

Ensoñar no solo es soñar. Si de verdad «crees» en el ensueño, entonces el sueño se convierte en la capacidad de conexión con un mundo de ilimitadas posibilidades. Esta es la compuerta a «mundos» paralelos de doble tránsito, mundos de energía, físicos y psíquicos. Tomar una amplia consciencia del ensueño lleva su tiempo. Y mucho esfuerzo.

La intención, el intento al ensoñar es crear y es creer. Es lo que abre el mundo del ensueño y, por el don de este, encontramos el poder de la fe certera; la realización a través de la experiencia del ensueño. Con el intento lanzamos el propósito para el ensueño, esto es, ser conscientes de que estamos ensoñando (dar el código de verse las manos, verse en un espejo, despertar en un sueño), recordar y realizar lo que sea que intentamos.

El ensueño a veces se presenta como una recapitulación de historias que piden su atención, o bien porque no están cerradas, o bien porque se han cerrado de manera errada, creando un vórtice abierto de absorción de tu energía. Cuando estas historias llegan, suele ser bastante claro que algo se sigue manifestando de una manera trucada. Podemos sentirlo porque hay apego y manipulación, es como que algo no nebuloso nos atrapa en una idea, un deseo, una atracción que nos hace perder nuestro centro. Entonces es el momento de recuperar el recuerdo y recapitular esta historia.

A veces el ensueño puede ser un reencuentro con seres queridos que nos da la oportunidad de cerrar algo que no estaba, o como un reencuentro y sentir que están bien. Otras veces el ensueño nos llega como una intuición profunda, que nos muestra caminos alternativos, movimientos hacia donde nos sentimos íntegros y realizados. Incluso podemos realizar comprensiones que en el tonal no alcanzamos, debido a que durante el ensueño estamos en un estado de *consciencia acrecentada* que nos permite darnos cuenta de algo que no veíamos. Otras veces el ensueño llega como una misteriosa precognición de algo que a los días se cumple ante nuestra sorpresa, preparándonos para este sorprendente acontecer.

El ensueño es una estimulación del poder y energía, principalmente porque cuando ensoñamos estamos creando desde un campo de poderosa vibración, el campo del espíritu, que se presenta como un estímulo misterioso.

Carlos Castaneda (1993) afirma que una vez que se ha logrado ensoñar, ser consciente de estar en un sueño y, además, haber despertado en un sueño dentro de un sueño, de ahí en adelante todo lo que sueñes será un ensueño, aun con la consecuencia de que no tengas plena consciencia de que estás ensoñando.

Hay dos tendencias erradas que se fundamentan en la mente cartesiana: una es la del considerar el tiempo como algo lineal y otra darle un orden jerárquico al acontecer. Sin embargo, a través de la experiencia podemos apreciar que el tiempo y la progresión no son lineales, sino cíclicos y esféricos; nunca se puede dar por hecho nada. Por otro lado, categorizar hace que consideremos los sueños desde un molde cerrado y rígido. Lo que quiero decir con esto, a colación de lo que nos dice Castaneda sobre una vez que eres un ensoñador, es que no hay que acercarse a las vivencias del ensueño, ni de la vigilia, desde una mente categórica, que juzga lo bueno y lo malo, lo pequeño y lo grande, porque esto nos hace desechar mucho poder y, lo que es más penoso, una parte de las experiencias que podemos vivir.

Si consideramos nuestro camino como progresión cartesiana, vamos a sentir angustia porque el acontecer no se desarrolla «según nuestros planes». Necesitamos depositar la confianza en el Espíritu y considerar todo lo que nos llega con el mismo valor. Así, a veces podemos sentir que retrocedemos, que estamos atascados, etc., pero en realidad el Espíritu está conspirando.

El primer peldaño en el camino del guerrero como ensoñador es el convertirse en un cazador de poder, de energía. A la vez, hay un preámbulo que le lleva al cazador a prepararse para ir a la caza del poder, también dentro del ensueño: perder importancia y adquirir la virtud de un cazador, esto es, el no-hacer como un hacer sin hacer. Esto es de suma delicadeza y sutileza, porque la frontera entre el ego y el *yo soy* es muy tenue.

Hay dos formas de acceder al poder. El poder que vamos recogiendo y recopilando como resultado de la impecabilidad en cómo se usa la energía. Este poder es el que nos va a permitir afrontar los combates de la batalla florida (sin poder no se puede combatir) y acceder a la segunda forma de adquirir poder, que quedará grabado en la memoria del guerrero en el cuerpo energético. Esta segunda forma es la realización de las experiencias «sagradas» como parte de las batallas espirituales del guerrero. Estas se dan por igual en los dos campos: el tonal y el nahual.

El ensueño es una mezcla de estas dos formas de adquirir poder, porque, por un lado, está el lado más voluntarista del guerrero espiritual como resultado del acecho en el tonal y, por otro, el guerrero que se abandona al Espíritu y encuentra su otro yo. Lo que quiero decir es que el ensoñador recoge en el ensueño estos dos tipos de poder: el recogido por el mérito de la impecabilidad y el que resulta de las experiencias sagradas en las batallas floridas.

Ahora *intentaré* la exposición de las compuertas del ensueño, por las que se debe pasar para adentrarse en el mundo del ensueño.

Las compuertas del ensueño

Los sueños son un espacio por donde hay tráfico en un doble sentido; nuestro cuerpo energético entra en otros reinos, a la vez que esos otros reinos mandan exploradores que entran en nuestros sueños.

(Castaneda, 1993)

En el campo del nahual, al igual que en la vida cotidiana, evolucionamos en la medida en la que nos relacionamos. Solos y solas no podríamos hacerlo. La vida y el sueño lúcido son espacios de aprendizaje, en los que aprendemos por interrelaciones que nos ayudan a comprender el mundo en el que vivimos y a comprendernos a nosotros mismos por el reflejo que los otros nos devuelven.

Y, cómo no, el aprendizaje del sueño consciente se va dando en una serie de etapas, que en muchas ocasiones no tienen por qué ser progresivas, como se acostumbra a entender desde un eje lineal. Quiero decir que, en ocasiones, puede parecer que se ha perdido cierta consciencia de estar soñando y, sin embargo, podemos estar teniendo sueños con un alto grado de contenido significativo. También podemos tener sueños que consideramos con poca fuerza y, sin embargo, al traerlos a la consciencia despertar un gran potencial oculto. Lo que quiero decir es que aunque sí que hay que entender y pasar por las diferentes etapas, no hay que apegarse a realizarlas de una forma progresiva ni contemplarlas con una mente categórica y estereotipada. Tampoco hay que preocuparse porque quizás una de estas etapas sea menos evidente que otras, que se supone más profunda o avanzada.

El nahual es un misterio que nos descubre a nosotros mismos. Lo esencial es *acechar,* estar despiertos en una actitud de atención consciente, y que sea esta atención consciente la que «hace la lectura», la que velo que el nahual nos está mostrando, evitando que se empañen los ojos por los vahos de los estereotipos.

Para implementar la atención consciente, o sea, la lectura de lo que el nahual nos trae, hay que desplegar las actitudes de la atención consciente: querer ver, dejarse ver sin ser condicionados por el prejuicio, no juzgar, aceptar lo que hay, no detenerse en las emociones y pensamientos y dejarlos pasar, conectar con el silencio interno como esencia manifiesta de las virtudes internas.

Las virtudes internas son la manifestación de la vibración de los siete centros vitales (chakras) principales, como manifestación de semillas de luz de la creación que somos.

Antes de adentrarse en el ensueño

Hay algunos asuntos de logística para realizar el ensueño, tales como tener energía suficiente o que el cuerpo esté en un estado óptimo debido a una alimentación que no mine la energía, especialmente cuando vamos a ensoñar. No se debe comer mucho por la noche y es mejor que la cena se haga ligera y temprano, para que cuando vayas a dormir, la digestión esté realizada. Así también, el sitio donde ensoñamos debe ser un sitio tranquilo, silencioso y apartado de la gente. Nuestro estado anímico no debe estar cortocircuitado por emociones nacidas de las relaciones, por lo que la soledad es el estado idóneo —o al menos cierto ayuno de emocionalidad— para estar en una emocionalidad neutra, ya que estas emociones atrapan mucha energía y pueden interferir en el ensueño. Estar en la soledad no quiere decir necesariamente estar solo, sino no identificado emocionalmente. Para poder ensoñar debemos estar en un estado óptimo de consciencia. Cuando estamos bajo el influjo de emociones debido a relaciones que interfieren y cortocircuitan, la energía no estará disponible de la misma manera. En estos casos, es muy probable que tengamos sueños que nos llevan a intentar dilucidar estas relaciones, que se presentan de una forma disfuncional.

Hace falta una determinación total para ensoñar y a la vez estar desposeído de la importancia personal. Alcanzar este requisito es de suma complejidad, por lo que, casi seguro, tendrás que errar muchas veces antes de cruzar la primera compuerta.

Cómo nos acostamos y cómo nos despertamos es fundamental. En ambas, la clave es mantenerse unidos al *poder del* águila.

Para poder traspasar la primera puerta del ensueño, es necesario que el cerebro esté en una condición apropiada, que se logra después de que hayas estado durmiendo al menos cuatro horas. Estas cuatro horas de sueño sirven para que la frecuencia de la vibración del cerebro entre en una frecuencia baja, que propicia la fase REM del sueño, predominado por las ondas delta. O dicho de otra manera, que la actividad frecuencia del cerebro descienda.

Frecuencias cerebrales:

Beta (14-29 Hz)	Alfa (8-13 Hz)
Theta (3,1 -7,9 Hz)	Delta (1-3 Hz)

En esta frecuencia baja de vibración, los mecanismos de defensa del cerebro racional quedan casi desactivados y, por el contrario, el cerebro instintivo está en pleno funcionamiento. Es esta frecuencia la que nos interesa. A partir de ahí, las resistencias del tonal bajan lo suficiente para que el cuerpo energético, unido de la consciencia, entren en el mundo del sueño y esta se convierta en ensueño.

La consciencia que acompaña al cuerpo energético —ambos están íntimamente unidos— es una suerte de intento que se realiza para despertar en el sueño. Esta se manifiesta en dos vertientes: una lúcida, como el guía espiritual, y otra que se aprende y descubre, como aprendiz. El otro yo y el del día cotidiano (el soñador y el soñado) se dan cita en una suerte de historias que, como en la vida de vigilia, se muestran como ocasiones para despertar. Solo que con la diferencia de que en el sueño, el despertar se realiza en la dimensión nahual, que como la dimensión tonal, de vigilia, manifiesta multitud de realidades interrelacionadas.

El sueño lúcido va acompañado de esta suerte de otro yo que dota de conciencia al soñador y lo convierte en ensoñador, porque le aporta la atención consciente dentro del sueño o consciencia del ensueño. A veces, el otro yo simplemente se manifiesta con una consciencia dentro de uno mismo; otras, se exterioriza y puede tomar diferentes formas y figuras (personajes del sueño) para aportar la consciencia de ensueño.

Muchos ensoñadores, automática e instintivamente, se despiertan al cabo de cuatro horas para volver a dormir y entrar directamente en el ensueño. Después de cuatro horas de sueño, con alto grado de probabilidad, el cerebro entra en la frecuencia delta. En esta segunda entrada al sueño, se pueden seguir los pasos de la ficha técnica del ensueño. Después de despertarse a las cuatro horas, se puede hacer una pequeña meditación para recapitular algo que esté presente o simplemente como una manera de entrar en un estado de consciencia acrecentada, para sumergirse minutos más tarde en el ensueño. Cada cual tiene que investigar un poco para ver cuál es la forma más adecuada para él. Aunque hay pautas compartidas, finalmente uno tiene que llegar descubriendo, y quizás haciendo cambios que se adecuan mejor según su experiencia.

La postura para ensoñar es sobre el lado derecho para los hombres, en una posición ligeramente flexionada de las rodillas, arqueada la columna y de total quietud hasta entrar en el ensueño. Para las mujeres es igual, pero con la diferencia de estar apoyada en el lado izquierdo.

Es importante que poco a poco durante la vigilia visualicemos el propósito de ensoñar, con varios intentos que realizaremos durante el día, para así abonar el terreno para la ensoñación de la noche. Necesitamos convencer a nuestras células de que somos ensoñadores, darles este mensaje-código, este patrón autoejecutable. El espíritu es sorprendente, lo que se le solicita con consciencia e impecabilidad lo manifiesta. Así que debemos estar bien seguros de lo que le solicitamos.

En este sentido, la ensoñación no está separada de la vigilia; de cierta manera el ensoñador está conectado a estos dos campos de la realidad (tonal y nahual) en todo momento. Lo que marca la diferencia es el grado de consciencia de nuestra presencia, que se va manifestando como un saber acumulativo que nos llega a través de las experiencias dentro del campo de la conciencia acrecentada en la vigilia y la consciencia del ensueño en el nahual.

Poco a poco utilicemos el ensueño para lograr la impecabilidad dentro de los sueños. Así, la progresión, el tiempo y las formas del ensueño cambian radicalmente a los del tonal, que de ordinario está dentro de un paradigma lineal, progresivo y constante. En el nagual están gobernados por el paradigma convergente. Aquí nos encontramos con una dimensión esférica, en la que la progresión viene dada más allá del control del ego, por lo que escapa a la conceptualización clásica aprendida y depende de una suerte de factores no controlables, pero sí aplicables. Es como la siembra: se «controlan» una serie de elementos, como son la semilla, el tratado de la tierra o el tiempo de siembra, pero otros escapan a la voluntad humana, como las variaciones del tiempo, el sol, la lluvia y diferentes factores relacionados. Por lo que no debemos aferrarnos al viejo paradigma y sí tener una mente más allá del tiempo. Aquí radica en gran parte el arte del acecho, como axioma del cambio de paradigma. Un cambio de conciencia que se asienta sobre los hechos de este arte: la paciencia, la simpatía, el no-hacer y la impecabilidad.

El paradigma lineal y progresista se presenta como un corsé que comprime nuestra mente en estructuras rígidas que nos hacen esclavos de este viejo paradigma lineal del tiempo. Este se presenta como una tiranía para nuestro ser, que se ve atrapado en los dogmas que tienen al tiempo como principal acuciante de la necesidad de hacer. De aquí la importancia del no-tiempo, o sea, liberarse del tiempo, como axioma del no-hacer. Ese es un cambio, principalmente energético y de conciencia, que requiere una práctica delicada y sublime del acecho. Esta es la principal barrera que necesitamos traspasar, la del no-tiempo. De seguro que te encontrarás con el miedo de dejar de seguir el viejo y «seguro» paradigma lineal. Tómate tu tiempo.

La idea de que en el sueño se está libre de consecuencias no es correcta. Esta idea es tan ingenua como pensar que el inconsciente no tiene ningún tributo sobre el consciente. En el sentido de que, de cierta forma, el sueño es tan real para la conciencia humana —por lo tanto, para nuestro ser—como la vigilia. Si logramos la impecabilidad en el ensueño, esto influye enormemente en la vida y en la vigilia. El sueño lúcido nos permite conocernos y probarnos (acecharnos) profundamente. Se presenta como un campo magnífico de conocimiento donde aprendemos y nos desarrollamos hasta límites inimaginables.

Aunque en los sueños los límites de lo real no existen de la misma manera, no así los límites de la consciencia y la ignorancia, que son los mismos, solo que de cierta forma se presenta más difícil de practicar la impecabilidad en los sueños, porque es una dimensión que carece del soporte sostenido por el tonal. Es aquí donde necesitamos conectar y alimentar la conciencia, la intuición y la esencia humana de justicia y de amor, que nos llegan más profundamente a través del otro yo. Este es un campo donde podemos expandirnos o hundirnos, como en la vida común; todo depende del grado de consciencia que uno realiza para ser impecable.

Ahora, lo que proyectamos realizar en el ensueño tiene que estar unido al espíritu y tener un sentido global en nuestras vidas. No conviene utilizar el ensueño para lograr propósitos personales y egoístas. Por esta razón, es conveniente que cuando alguien entre en el camino del ensueño, haya recapitulado su vida y se encuentre en unas condiciones razonables que procuren que las cargas del ego y del karma sean lo suficientemente ligeras para que no creen karma, y que lo que se realiza esté en armonía con el espíritu de liberación de uno y de la familia humana y cósmica.

Aunque el propio desarrollo del camino del sueño consciente nos va a traer consciencia y energía, también podemos buscar en el ensueño energía o información más concreta que necesitamos. Podemos conectar con nuestro guía interno, con algún ser con el que necesitamos conectar y/o encontrar aliados de luz.

1. La primera compuerta: entrar en el nahual

Cuando se va a ensoñar, se debe formular el propósito (intento) del ensueño. Realizar un decreto como intención de que vamos a ensoñar. Este decreto tiene que estar unido al espíritu.

Más concretamente, Castañeda llama a este decreto «el intento»: una formulación mental, espiritual y energética que, por ejemplo, se puede formular de la siguiente forma: «Voy a darme cuenta de que estoy en un sueño cuando esté soñando, así me consagro e invoco a mi aliado, a mi otro yo, a mi doble de ensueño, para que me guíe y acompañe en el sueño consciente».

Asimismo, durante el día conviene mantener un propósito de unidad con el sueño, que se puede materializar mirándonos las manos periódicamente, como un ejercicio de unidad y continuidad con el mundo del sueño consciente, el nahual. En este ejercicio lo que hacemos es formular la intención y el intento de ser conscientes en nuestros sueños y en la vida cotidiana. Las manos son la prolongación de la consciencia creadora y contienen el poder personal, por lo que, cuando miramos nuestras manos, reafirmamos y despertemos este poder.

La primera compuerta puede ser la más complicada de pasar. Esto no quiere decir, ni mucho menos, que con el paso de la primera compuerta esté ya hecho el trabajo, pues solo es el inicio de un camino que, en general, no tiene marcha atrás. Esto no quiere decir que no nos demos una tregua cuando estemos abatidos por las batallas floridas. Es necesario también a veces parar para recobrar la energía y el coraje para continuar el camino.

El ensueño es un acto de confianza (fe) en la dimensión mágica y espiritual de la naturaleza humana. Esta es la parte que vamos descubriendo, o mejor dicho, ella nos descubre. Es el cuerpo energético unido a nuestra consciencia y al doble yo (misterio por descubrir) que se conectan en el ensueño. Nuestro doble de ensueño, el otro yo, es nuestro mejor aliado, como vínculo con el poder del águila. Aunque podemos encontrar otros aliados de ensueño, hay que tener cuidado de no aliarse con parásitos que quieran nuestra energía. Como en la vida cotidiana, esto nos traerá de cabeza, por lo que conviene si realizamos contratos o alianzas, que estos sean precisos y sin ningún cabo suelto.

Junto con el decreto de recordar y ser consciente, en una etapa avanzada se añade el segundo propósito del sueño. El intento tiene un doble propósito: uno, el de ser consciente y recordar, que ya he descrito, y el otro, el propósito que buscamos en el ensueño. Por ejemplo, confrontar un miedo, vislumbrar algo que no terminamos de identificar o encontrar a alguien concreto.

Puede haber diferentes propósitos, solo que debemos poner atención. Vuelvo a recordarte que estos propósitos tengan un sentido espiritual en nuestro desarrollo, para no caer las garras del ego y las diferentes consecuencias que esto conlleva.

El intento de ensoñar precisa de congruencia e impecabilidad totales a la hora de decretarlo. Eso precisa no solo que tengamos la energía, también una fe en nuestro otro yo, el yo de ensueño, que está unido al Espíritu. Por esta razón, hay que ser amable y paciente con uno mismo, pues como humanos no siempre reunimos, por la razón que sea, los requisitos suficientes. Podemos decir que no siempre está maduro el fruto, cosa que conviene reconocer y que dependerá del grado que se tiene del conocimiento de uno mismo.

La primera puerta es la que cruza el umbral del sueño de una manera consciente. Se realiza normalmente después de haber dormido cuatro horas. Entonces, justo cuando entra el sopor del sueño y seguimos conscientes, se comienza a percibir las primeras imágenes. En este momento se sucede un salto cuántico a nuestro cuerpo energético y abandonamos el físico. De ahí la importancia de poseer cantidades ingentes de energía.

En este primer paso, es importante que la conciencia se traslade, junto con el cuerpo energético, al campo del nahual (el mundo de ensoñación), en el momento que la conciencia abandona el cuerpo físico y se traslada al cuerpo energético. Es en este punto cuando entramos al ensueño. El sueño nos succiona, nos jala. Es conveniente tener la conciencia de cómo somos jalados por el sueño, ya que de esta forma estamos atentos a ese movimiento que viene del campo del nahual, y nos dejamos llevar por él como algo natural.

Otras veces simplemente marcamos los patrones y despertamos en el sueño de una forma lúcida, dándonos cuenta de que estamos en un sueño. Marcar los patrones significa haber hecho los deberes por el día y a la hora de acostarse. Entonces la consciencia lúcida sigue al sueño.

En esta primera etapa, hay que desarrollar la atención en los objetos que podemos ver en el sueño. Esto es como el enfocar la atención en el aquí y ahora del proceso meditativo. Es la forma que tenemos de darle cierta estabilidad al sueño y permitir que se manifieste en su máxima expresión con toda su energía. Para este acontecer es imprescindible poner en práctica la paciencia, pues el camino del ensueño es un proceso de idas y venidas, y en el que poco a poco iremos conociendo más profundamente cómo ensoñamos.

Otro factor muy importante es la perseverancia. Persistir en la práctica del ensueño, especialmente al principio, puede ser más difícil porque los resultados pueden ser frustrantes. No hay que olvidar que para adentrarse en el mundo del ensueño es muy conveniente practicar junto con las prácticas de poder, el no-hacer y, por tanto, recapitular. Finalmente, la perseverancia, tarde o temprano, da sus frutos. Además, procura que la práctica pierda cierta intervención del ego y de la importancia personal, dada por la confianza o fe del guerrero espiritual de que la práctica es en sí misma el nahual. Así uno se olvida de los resultados y comienza a vivir y ensoñar aquí y ahora, y a aceptar los procesos por los que pasamos de una forma paciente.

Necesitamos tomar como rutina recoger el contenido de los sueños todas las mañanas, nada más despertar, y no utilizar el raciocinio selectivo y jerárquico, pues muy a menudo los ensueños que parecen tener menos fuerza o que pensamos más superfluos, una vez traídos al tonal por medio de intentar recordar el ensueño y de recogerlos, toman un nuevo significado de un valor sorprendente.

Al recoger lo soñado, estamos creando un puente de unión entre el mundo del nahual y el tonal. Muchas veces, es en esta conexión de lo soñado con el mundo de vigilia donde se realiza el despertar más profundo de algo que antes no veíamos, por lo que estábamos absorbidos. Es la forma en la que se unen el nahual y el tonal, a la vez que el simple hecho de soñar, por el poder de recogerlos desde un estado de atención consciente, se convierte en ensueño.

El recordar lo ensoñado también se convierte en el intento que surge del estado de atención consciente. Todo lo que surge desde la atención consciente se transforma en una forma peculiar de intento.

En este punto quiero diferenciar dos hechos que se unen. El primero es el hecho de emitir el intento como un acto en unidad con el Espíritu. El segundo, como un acto de recibir y percibir lo que sucede desde un estado de atención consciente, una forma receptiva de intento.

Hay una suerte de proceso que sucede en el ensueño en el que la conciencia se repara y puede alcanzar a recordar con claridad algo que en el mundo del tonal había eliminado. El tonal, como campo condicionado, tiene este efecto de eliminar memorias de lo que somos y no recordamos. Parte del camino del guerrero es recobrar la conciencia, recuperándola del nahual para proyectarla en el tonal. De esta forma, consideramos los ensoñadores que el nahual es el verdadero campo de realidad, sin caer en una disociación, y, contrariamente a lo que le parece al común de las personas no ensoñadoras, que se tiene que manifestar en el tonal. Hay mucha consciencia y memoria que recuperar.

Las personas hemos entrado en este campo, el tonal —vulgarmente llamado vida—, con un karma de otras vidas. Así, la realidad del tonal se nos presenta como una realidad que creemos que es estable e inamovible, que el mundo del ensueño viene a des-construir y darle una nueva forma. Esta trampa hermética, holograma de cuarta dimensión, es la trampa que los seres voladores implantan y de la que tiene que salir nuestro ser sagrado. Este es el «juego» del guerrero de luz, un juego en el que va la existencia desde el ser, la unidad con el espíritu.

2. La segunda compuerta: estabilidad y progresión del ensueño

Entre los objetos de nuestros sueños, existen interferencias energéticas, cosas que son colocadas ahí por fuerzas ajenas. Encontrarlas y seguirlas es el logro de los brujos. Cuando la atención de ensueño se concentra en estos objetos, el sueño se disuelve y solo queda la energía ajena. Se llega a la segunda compuerta del ensueño, cuando se despierta de un sueño en otro sueño, o cuando se es capaz de cambiar a otro sueño.

(Castaneda, 1993)

La segunda compuerta del ensueño se convierte en la capacidad de enfocar los sueños de manera «estable» y cambiar de ámbito en el sueño, bien por el hecho de despertar en otro sueño, o por cambiar a «voluntad» (ser jalados) a otro ámbito del sueño, dando continuidad y sentido de profundidad al ensueño. Esto, a la vez, nos permite entrar en el sueño de una manera más íntegra, ver los diferentes matices, elementos, objetos y energía. A partir de este punto, los sueños suelen tener más continuidad y más profundidad: la atención del ensueño se despierta, el soñador (la consciencia del ensueño) y el soñado (el yo ordinario) se encuentran e interrelacionan en el nahual.

A partir de aquí podemos entrar en la tercera compuerta del ensueño: la visión y captación directa de la energía de los objetos de los sueños. Esto puede generar cierto apego al ensoñar, por lo que debemos ser impecables y practicar el no-hacer. Así se va refinando el cuerpo energético del ensueño, que ha de ser capaz de moverse por los sueños y parar cuando haga falta. Necesitamos tiempo para procesar la información y la energía que vamos integrando del proceso de despertar el otro yo, por lo que hay que conservar los cuatro atributos del acecho: la paciencia (no-hacer), la no-compasión, la impecabilidad y la simpatía.

A veces el nahual nos muestra directamente en el sueño el contenido significativo de lo soñado; otras veces en este paso necesitamos retener y hacer un esfuerzo consciente más, para en la vigila poner la atención consciente en lo soñado, que llevará un paso más allá este contenido.

Esto se puede llevar a cabo recogiendo lo soñado en un diario escrito o audio, haciéndolo de una manera consciente y viendo qué nos puede decir. Personalmente, después de este paso, me pongo a hacer una meditación de una hora en dos tiempos. Durante la meditación puedo atisbar contenido e información, que llega de una manera sin juicios y sin esfuerzo a la consciencia. Toda esa información también se puede recoger. Además, en muchas ocasiones recogerla es una forma de poner consciencia en lo soñado y en la vida cotidiana.

También está bien a la vez que nos miremos las manos durante el día, como una manera de unir el mundo del tonal y el nahual, y de preparar el ensueño, marcar el propósito que queremos encontrar como parte de nuestro desarrollo personal.

3. La tercera compuerta: la lectura

Las vivencias del ensueño se presentan como haces luminosos, que pueden ser visualizados al menos de dos formas: una como energía de luz que acompaña a los objetos del ensueño, y otra como intensidad cargada de significados (sentimientos, consciencia, información, comunicación, etc.).

Estamos tan condicionados por la memoria visual que en ocasiones nos hace olvidar y no ver el contenido emocional y energético que hay junto con las imágenes, situaciones y personajes que aparecen en los sueños lúcidos. Al prestar solo la atención a la imagen, esto nos hace dejar a un lado una cantidad de información ingente que nos traen los sueños lúcidos.

Esto se debe a que transferimos fuera el contenido emocional que no queremos aceptar y/o que está reprimido. Una parte importante del camino es asumir la sombra como polaridad escondida y negada. Esto se hace a través de una recapitulación de los hechos más significativos de nuestras vivencias. También en la meditación con la sombra descrita en el último apartado del libro.

Un peligro en la «sociedad del bienestar» es querer encontrar el estado de salud perfecto, causa que hace que la vida se instrumentalice más allá de un límite natural, dejando fuera lo que no encaja. Este ideal a veces no deja sitio a las «imperfecciones» y se vuelve una obsesión narcisista y tiránica. La propia terapia o camino de conocimiento se ve influenciada por la inercia de la cultura, excesivamente narcisista, que como Narciso queda enamorado de sí mismo (ego), olvidando y perdiendo la perspectiva del mundo que le rodea y de partes de sí mismo.

Este es un mal común en una sociedad que se ha vuelto excesivamente positivista. No hay cabida para ciertas polaridades que, por efecto contrario, se han eliminado y negativizado. La capacidad de no frustrarse y de aceptación de las incomodidades disminuye a causa de la búsqueda obsesiva del bienestar. Hay una necesidad artificial e imperiosa de logro en la sociedad actual que condena al ser humano a cierta tiranía de la razón.

El contexto e influencia social juega con el miedo que podemos sentir las personas a transgredir las normas, los roles o los estereotipos, para que se siga el programa social. Debajo del miedo está lo que se tiende a evitar, es decir, las polaridades negadas, que no son conscientes. Por no poder manifestarse, lo hacen en forma de vacío existencial, que es como un agujero negro que atrapa todas las emociones dolorosas o que crean peligro y, con ellas, la energía. Este vacío existencial es la antesala del salón del sueño lúcido, el lugar donde empezamos a desnudar nuestro carácter «enfermo». Como una confesión de nuestros «pecados» que se debe realizar desde la conciencia y aceptación, y no desde el juicio sentenciador instrumentalizado del ego.

El sueño consciente trae la energía y las emociones a raíz de esas polaridades y miedos que se han reprimido en el cuarto oscuro de la consciencia. Recuperar esta información e integrarla es un camino delicado, que empieza por aceptar y querer ver qué escondemos en el sótano. Rápidamente van a emerger los sueños conscientes, van a venir para que podamos verlos. El verlos no quiere decir que no vayamos a pasar por episodios de angustia y dolor provocados por el emerger de estos. Es más, necesitamos recapitular la energía suficiente para afrontar con coraje el aceptarlo que hay, que en muchas ocasiones no es muy agradable, pero sí se muestra como un elemento liberador.

Estos miedos y elementos reprimidos se pueden presentar y emerger a la consciencia y en el sueño lúcido en fases escalonadas. Muy habitualmente, no se gana la gran batalla el primer día, sino que son una sucesión de batallas las que nos ayudan a encontrar la estrategia, energía y coraje suficientes para la batalla final. Quiero decir que, en ocasiones, antes de vencer a un miedo materializado a través del sueño, este sueño se presenta en varias ocasiones hasta que, finalmente, si se realiza la confrontación final en la que se dice «hasta aquí», se hace frente al gigante o al monstruo, y este entiende que no tiene ya por dónde jalarnos.

4. La cuarta compuerta: volcar el nahual al tonal

El sueño consciente trae con él una multitud de experiencias que, traídas a la consciencia, se transforman en parte del poder personal. Por un lado, hay que descodificar este contenido y, por otro lado, trasladarlo a nuestro cuerpo energético y cognitivo, y con él al campo del tonal, o sea, a la vida cotidiana. Por ejemplo, cuando en un ensueño recibimos una información concreta, como puede ser cómo afrontar el miedo, a través de aliados que aparecen y nos hablan en el sueño, y nos ayudan ver cómo hay que sostener el impulso de escapar despavoridos, ya que este movimiento lo que hace es acrecentar el poder del miedo.

En un momento dado, en un ensueño meto la mano en un lugar para acariciar un gato, y este atrapa mi mano con sus garras. Movimiento que me hace retroceder mi brazo con miedo y que procura que el gato enfurezca más atrapando mi mano. En ese momento, una mujer cercana de mi familia me dice que no tenga miedo y que no retire la mano, así el gato dejará de «jugar» conmigo. Yo me detengo y dejo que este «juegue» con mi brazo. Este es un gato muy perverso que se alimenta del miedo (un ser incorpóreo). Juega con mi mano, acercándola a sus dientes y mirándome, queriendo procurarme miedo; es lo que le interesa. Yo permanezco tranquilo, y el gato deja de interesarse y suelta mi mano.

De por sí, los sueños lúcidos cargan el cuerpo energético. Es un campo donde el ensoñador mueve su punto de encaje, y esto le hace situarse en un estado de consciencia acrecentada dentro de la consciencia del ensueño. Esto, a la vez, tiene una influencia en el tonal, dentro de esta dirección de consciencia. Asimismo, hay situaciones de dependencia emocional o estados emocionales por los que atravesamos que son desvelados y nos permiten darnos cuenta de ellos y, en consecuencia, iniciar el movimiento de des-identificación y de recuperación de la energía.

El ensueño es como un espejo en el que podemos vernos, conocernos. Gracias a este verse identificado con las diferentes construcciones mentales y estados emocionales, por el darse cuenta de esto, podemos movernos más allá de estos.

Solo describo cuatro compuertas porque en mi recorrido son por las que he logrado transitar y de las que puedo tratar con la seguridad que me da la experiencia. Puede haber más y diferentes formas de interpretar.

Meditación de estabilización del ensueño

Cuando nos despertamos es un momento muy especial, porque la consciencia y la energía se encuentran renovadas, y la memoria, fresca. Seguimos conectados con el poder del Águila. Es un momento propicio y productivo para trabajar con la meditación, con la recapitulación y con el ensueño en el tonal, o sea, ese trabajo de recoger lo soñado y ponerle consciencia, más allá de la que se ha manifestado en el nahual.

A primera hora, después de recoger lo soñado, podemos tomar un té, algo ligero y sentarnos en una actitud meditativa, conectando con el campo del silencio para dejar vislumbrar elementos del nahual que no han sido todavía revelados totalmente.

Ficha técnica de ensueño

Si bien esta ficha puede servir como modelo e inspiración, no tiene que ser estrictamente la única forma. Es una propuesta que a mí me funciona. Los referentes que he encontrado comparten estos puntos de forma parcial y algunos de forma íntegra.

Cada persona en su propio camino irá sintetizando la forma que mejor se adapte a su entendimiento y práctica. Pienso que finalmente nadie puede enseñarnos a ensoñar, a meditar o a recapitular; este es un proceso individual. Eso sí, las referencias que encontramos pueden ser, y en muchas ocasiones son, una buena ayuda y guía para comenzar y profundizar.

Este conglomerado y estructurado modelo de ensueño que sintetizo en la ficha se puede lanzar como un todo, como si fuese todo ello un bloque de una sintonización, un intento en esta dirección. Una vez lanzado, permanecemos abiertos al darnos cuenta, para adentrarse en el sueño lúcido. ¿Cómo podemos hacer esto? Se puede hacer la lectura de la ficha antes de acostarse, como un propósito que se lanza como el intento.

Tabla 1. FICHA TÉCNICA

1.º	Acostarse de manera consciente. Yo soy presencia. Del lado derecho para los hombres; izquierdo para las mujeres.
2.º	Pido a ti, nahual, tu guía y protección. Ruego a ti, mi otro yo, a mi doble de ensueño, que me acompañes en el sueño lúcido. Mantendré una atención consciente mientras entro en el sueño, para estar abierto a ser jalado por el nahual.

Lanzar el intento: Voy a permanecer atento y voy a darme cuenta de que estoy en un sueño cuando suceda. Voy a mirarme las manos en el sueño, verme en un espejo o tomar consciencia de que estoy en un sueño.

3.º Junto con el propósito de recordar y ser consciente, podemos añadir el segundo propósito cuando ya estemos en un grado avanzado de ensueño, o sea, lo que queremos encontrar. Por ejemplo, voy a afrontar el miedo a tal o cual cosa, o voy a vislumbrar tal problema, o voy a encontrar a tal persona.

Me despertaré a las cuatro horas (mandar al acostarse este propósito), hacer una pequeña meditación y volver a acostarme.

4.º Acostarse de manera consciente en la cama, del lado derecho para los hombres y del izquierdo para las mujeres.

Volver a lanzar el intento (punto 2).

Después de despertar

Nada más despertar, darse un tiempo para recordar con detalle y recogerlo en un audio o por escrito.

Después de recoger el sueño lúcido, realizar una meditación sobre el vacío para la estabilización del sueño de al menos 15 minutos. Estas meditaciones son muy poderosas y productivas, porque la meditación, como se explica en el apartado donde se describen los grados o etapas de la meditación, nos puede traer muchas revelaciones que permanecían ocultas. La meditación sobre el vacío es una práctica fenomenal para unirla al trabajo con el sueño lúcido.

La meditación sobre el vacío no quiere decir que esta no nos haga más lúcidos sobre los contenidos, sino que el vacío-vacuidad es la base para pensar sin pensar, para encontrar contenidos desde la mente misteriosa.

IV. La meditación

Fundamentos de base

La meditación más poderosa que podemos practicar es la meditación sobre la vacuidad, sin objeto. Quiero decir donde no hay un elemento concreto que ocupa la atención y, en consecuencia, en la mente se establece la vacuidad.

Esta gira en torno al paradigma convergente, donde el principal axioma es el no-tiempo, como elemento inseparable de no-yo, como un yo sin objeto ni objetivo. Esta meditación lleva a la des-identificación clásica que lamente dualista constantemente tiende a establecer, identificándose, eligiendo o rechazando el objetivo de su deseo. Este trabajo meditativo aligera el ego y termina operando la pérdida de la importancia personal. Es esta importancia personal, formada a través de la historia de la vida, la que nos impide ver más allá de sus límites. Es más, desde esta perspectiva del ego solo podemos considerar la vida dentro de este campo que limita, eliminando toda una gama de posibilidades, de las que goza la mente liberada y el cuerpo energético. Este último se comienza a activar cuando en la mente se detiene el discurso y dialogo de la mente dualista insertado por la mente foránea y devoradora.

La visión «evolutiva» y su desarrollo en el paradigma de la meditación giran en torno a la idea de salir de la construcción de la «realidad» percibida y de la vida, en la que se termina siendo una pieza clave del engranaje de este juego que nos atrapa. Para salir de este juego dualista que funciona como un programa en el que somos «devorados», como escenifica la mítica pintura de Cronos devorando a sus hijos, necesitamos identificar sus principales factores condicionantes.

El primer problema que encontramos cuando llegamos a este punto de entendimiento, en el que des-construimos —esto es, des-aprender como forma de des-hacer la importancia personal— los factores condicionantes, es que estos factores están tan profundamente instalados en nuestro interior que en un principio es como atentar contra «uno mismo». Así que, junto con el primer paso de identificación de estos elementos, tiene que haber un descubrir una «nueva» consciencia de nuestro ser. Una consciencia que en muchos casos ya está olvidada y, en otros, enterrada bajo una profunda capa de sedimentos de todo tipo. Me refiero a la conciencia unificada, que cuando se reconquista toma el nombre de consciencia con *s*. La primera consciencia sin mácula —cuando se es niño— es un regalo de la creación; la segunda, una conquista. Es esta consciencia íntima la que permite sostener la des-construcción de la identidad (ego) sin que nos desintegremos de manera fatal, como personalidad, ya que uno se estará apoyando en una instancia más profunda: el yo sagrado, el otro yo, que nace de la experiencia de la consciencia silenciosa y luminosa.

Deberíamos salir de la acuciante necesidad tiránica de tener que hacer lo que induce el programa mediante la instrumentalización de la importancia personal, el ego. O sea, desde esa idea que descansa en el mérito de la importancia personal, cuyo ritmo está marcado por la conciencia del paradigma lineal; el tiempo, la progresión y el logro como sinónimos de ego y cuyo alimento son las emociones y pensamientos polarizados. Este paradigma está al servicio del programa.

La visión y enfoque de la atención consciente, cuya referencia principal la encontramos en las enseñanzas del Budha histórico, compartida con la visión tolteca, aunque con sus matices, es que este mundo en el que vivimos es una suerte de construcción de la que somos parte. Al identificarnos sin conciencia con este constructo, el programa toma nuestra energía para estabilizar su creación. De alguna manera, nos vemos «obligados» a entregar nuestra energía y nuestra vida para dar soporte al constructo. Así nos convertimos en los ladrillos y los pilares de nuestra propia cárcel.

Este es un proceso principalmente energético, aunque podamos pensar que no es así. Cuando empezamos a percibir el engranaje social en el que vivimos en términos de energía, también podemos comenzar a liberar la energía, principalmente la que uno aporta al programa.

El elemento principal que utiliza el programa es la importancia personal, que a través de las emociones y el pensamiento, ligados a lo proyectado por los dogmas compartidos, crean un laberinto-prisión en el que nos vemos atrapados y evocados a seguir. El programa ejerce una especie de hipnosis por la cual no «despertamos» hasta que logramos ver el juego, la trampa.

El primer eje que encadena es la familia. Con esto no quiero decir que la familia sea un vínculo exclusivamente negativo, ya que este tiene dos caras: una que es la que transmite la línea de vida y otra por la que se transmite karma y el dogma. Esto último se presenta como un hecho con dos lados: el karma familiar y el social, que es reforzado por la familia como parte de la sociedad. En general, la familia ha jugado el papel conductor para transferir los dogmas sociales.

La familia, en muchos casos también la espiritual, se convierte en la principal paradoja que resolver. Por un lado, es la línea de vida que nos sostiene, con todo el poder que esto conlleva, y, a la misma vez, transmite veladamente los dogmas compartidos normativos y el karma familiar de los que necesitamos salir para realizar la libertad. Así, en el camino de despertar y liberación nos vemos evocados a «matar al padre o madre», que se dice de ordinario, y a la misma vez a venerarles como línea de transmisión de vida. Igualmente, nos vemos evocados con el amor materno, por un lado, a venerarlo como mayor expresión de la creación y, por otro, a liberarnos de él cuando se presenta como vínculo emocional condicionado por la sumisión del programa.

El programa termina fagocitando y transformando en su beneficio todas las ideologías y prácticas ancestrales. Apenas hay un puñado que ha conseguido sobrevivir, y casi de una forma velada u oculta. Es tan poderosa la influencia del programa arquetípico de los seres voladores e incorpóreos que las ideologías y prácticas milenarias terminan cediendo parte de su postulado, justo ese que atenta contra el programa. Y no solo eso, sino que también un requisito indispensable que exige el programa a las ideologías y religiones es que adquieran su estructura y gerarquica organizativa para poder tener valor social. Con esto no solo el programa se asegura su integridad, también que nada vaya contra él, sino que las subideologías y subreligiones terminan siendo portadoras del elemento vinculante del programa. O sea, terminan estando a su servicio, porque el fondo es lo que prevalece sobre lo superficial.

Una ideología política o filosófica puede poseer los postulados más creativos y bondadosos que podamos imaginar, aunque como prerrequisito de esta está el admitir estos criterios que aseguran tu esclavitud; finalmente, estás trabajando para el «diablo». Puedes estar venerando a un «dios» de falsa bandera y dando tu limosna al mismo «diablo».

Los principales criterios de sumisión y esclavitud son los míticos que encontramos en los postulados jerárquicos piramidales: sumisión incondicional, organización jerárquica —clásicamente patriarcal, aunque hoy día hay que decir de dominación—, minimización del poder en manos de una *élite* y acceso limitado a la información por rangos. Esto ha sido así desde la noche de los tiempos dentro de las «grandes» civilizaciones. Es una estructura que antecede al ser humano y que podemos percibir porque termina imponiéndose dentro de las grandes estructuras políticas y religiosas.

Bueno, ¿por qué cuento todo esto? Principalmente porque, aunque pensemos que nuestro desarrollo espiritual pueda ser independiente de este juego, no es así. El principal hecho es que estamos en un mundo en el que, nos guste o no, somos socializados de manera que integramos las estructuras desde la infancia, que aseguran que la mente quede fijada en una posición concreta, quedando sujeta y fijada en los condicionantes sociales. Asumimos la estructura de valores y los dogmas compartidos, convirtiéndonos en una pieza más del engranaje que sostiene esta construcción. Estos dogmas compartidos los asumimos principalmente a través de la línea de vida, como sumisión a los principios de la élite dominante. El programa utiliza los lazos de vida como principal conductor e inductor de sus códigos.

En gran parte, lo que ata el «elixir mágico» que hace que nuestra mente esté ligada a sostener esta construcción viene a través de hacernos creer que son nuestros estos valores y que, en consecuencia, somos nosotros mismos los que adquirimos estos contenidos como parte de nosotros a través de las emociones, que ligan la línea de vida y la sumisión al poder, y que dan una consciencia de falsa historia de vida y de importancia personal. Todo lo que atente contra la falsa importancia personal irá no solo en contra de la sociedad, sino de uno mismo.

Aquí es donde han llegado tantos seres despiertos a lo largo de la historia, a replantearse su vida en términos de energía. Este cambio nos permite ver cómo el haber considerado la vida en términos cognitivos nos ha llevado a dar la energía a sostener la gran construcción: la matrix y el samsara. La liberación se hace de dentro hacia fuera, primero des-construyendo el constructo que ha esclavizado a tantos seres como granos de arenas hay en el mar.

La clave del juego siempre ha sido hacer percibir la existencia en términos cognitivos, a través del engaño y a través del ejercicio del poder. En el momento que empezamos a percibir la existencia en términos de energía, nuestros valores cambian y, entonces, el juego comienza a cambiar.

En este juego, el tiempo toma un nuevo valor, el que hace que demos valor a las cosas, a lo que podemos llegar a percibir y realizar. Es aquí donde empezamos a darnos cuenta de la cantidad de energía que precisa ser parte del constructo del que somos parte. Aquí empieza la des-construcción de la importancia personal como parte intrínseca de un constructo que se ha venido formando desde la tierna infancia y del que somos parte: el programa.

Esta es la razón por la que hay que definir claramente que la meditación es un camino que se define en términos de experiencia y energía. Así vemos como muchas escuelas están definidas en términos cognitivos limitados a las viejas estructuras.

Recapitulando, como he dicho al principio de este apartado, la meditación sobre la vacuidad es la más poderosa, porque nos libera paso a paso y de golpe de la mente parásita que nos hace concebir la existencia en términos emocionales y cognitivos, atrapándonos en la tela de araña. La meditación de la atención consciente es una meditación que establece la mente en la vacuidad, dejando atrás la mente dual y abriendo el campo de la percepción energética de la existencia en términos de sensaciones sentidas, intuiciones, sentimientos, consciencia y energía.

Etapas de la meditación

La meditación está apoyada y construida por una serie de principios que pueden explicarse como una arquitectura físico-energética, cognitiva y espiritual, que constituye el cuerpo global de la práctica de la meditación. Este está compuesto por diferentes aspectos físicos, cognitivos, energéticos y espirituales; son las etapas de la meditación.

1. La primera etapa: enfocando atención consciente

La primera puerta es la del espíritu unificado que nace del ejercicio de establecer la atención consciente.

Antes de sentarse en la posición de la meditación y entrar en contacto con el ser consciencia en la meditación, se debe haber reunido la energía suficiente que nos provee de la concentración para sentarnos y meditar con un espíritu unificado. Esto se consigue por dos vías.

Por medio del maestro, que posee la suficiente energía y determinación para lanzar el intento (propósito) que te va a ayudar a establecer un espíritu unificado y concentrado, y que hace posible que te adentres en el campo meditativo. De aquí la importancia de contar con un maestro, que posee una fuerte energía para realizar el propósito o intento, como una ayuda inestimable para el estudiante que sigue su guía. La conexión con el maestro en una conexión energética y espiritual. El maestro se convierte en un portal que nos adentra en la dimensión espiritual.

Principalmente, la vía de la meditación es un camino que concibe sus contenidos en términos de energía y de estados de conciencia, dejando atrás y/o usando en una mínima expresión el componente cognitivo para transmitir la enseñanza. Fundamentalmente, la enseñanza se transmite de corazón a corazón, de persona a persona; este es un proceso energético y espiritual, tanto o más que cognitivo.

La segunda vía es la que se da por el mérito del estudiante. Cuando se ha reunido la experiencia y energía suficiente para lanzar él mismo el intento (propósito), que propicia sentarse en el espíritu unificado de la meditación, un estado de consciencia meditativa que abre la primera compuerta de la meditación. No es fácil entrar por esta segunda compuerta exclusivamente por el propio mérito. Lo más común es contar con la inestimable ayuda de un maestro. Con el tiempo, el alumno reunirá los requisitos para él mismo para realizar el intento.

Una vez que la primera compuerta del propósito o intento, que realiza el espíritu unificado, propicia adentrarse en la meditación de la atención consciente, el practicante debe continuar en el camino atravesando diferentes compuertas.

En esta primera etapa se aprenden e integran los principios básicos de la meditación: la postura, la respiración y la concentración. También aspectos pragmáticos como la alimentación, el ritual, los límites personales, el espacio y tiempos adecuados, etc.

La atención consciente está formada y posee tres características: es consciencia acrecentada, es consciencia testigo y es consciencia consciente por sí misma. La atención consciente se da cuando se ha interiorizado la energía y uno ha cerrado o transmutado las compuertas de los sentidos por donde se escapa la energía, y desde donde somos presa de la acción-reacción inconsciente y dualista. Entonces se empiezan a experimentar las virtudes inmanentes de los siete chakras. Así, uno necesita muy poco de lo externo, ya que se ha realizado en su dimensión interna.

Al retirar la energía de los sentidos externos, sucede un cambio en la conciencia. Empiezan a emanar las virtudes del cuerpo energético y espiritual, se deja de estar identificado con los objetos, y separa el diálogo interno ligado al campo del inconsciente emocional. La consciencia se expande, tomando una "posición" fuera de los objetos que hace que se expanda y amplíe, pasando a ser una consciencia que se da cuenta de lo que sucede sin formar parte de esto que sucede, desde un fenómeno curioso que convierte a la consciencia en un observador testigo que no interviene.

2. La segunda etapa: La atención testigo

Esta se presenta cuando se puede enfocar la consciencia dentro de un plano de la observación des-identificada, un estado de *atención testigo* silencioso, que observa las experiencias vitales, las emociones y las construcciones mentales sin interferir en ellas y sin identificarse. Al no interferir y no identificarnos, la energía se libera, elevando el nivel de energía y consciencia en nuestro cuerpo energético, y las diferentes frecuencias de luz del cuerpo energético y espiritual.

Esto sucede debido a que la energía se retira de los objetos y se estabiliza en el cuerpo energético. Esta segunda consciencia no es movilizada ni cortocircuitada por el exceso de pensamiento y/o emociones comunes —producto de la mente parásita—. Se logra por que el nivel de capacidad de ver sin velos se activa y es efectiva. En esta inercia, uno comienza a separarse y romper el karma, los patrones automatizados, los apegos de los vicios, los contratos de vida, y comienza a recapitular la vida en profundidad.

En el proceso de des-identificación es donde constantemente se da una recapitulación de la vida, de ahí el sentido de comenzar a abordar la recapitulación antes de adentrarse en profundidad en la meditación («Capítulo I» del documento presente). Esto no quiere decir que la recapitulación acabe cuando empezamos a meditar, sino que es un proceso constante, ya que somos seres sintientes y relacionales en constante movimiento.

Llegados a este punto, se supone que ya somos capaces de identificar el contenido materia de recapitulación que se presenta en la vida, o sea, en los momentos en los que practicamos la meditación u otros.

Cuando estamos sentados en meditación con un espíritu de unidad, el «inconsciente» se moviliza en dos vertientes. Por un lado, el estado de consciencia acrecentada está latente a la vez que se abre la compuerta del inconsciente, que propicia que salga a la superficie de la consciencia las experiencias que no han sido recapituladas y, por lo tanto, estén en un estado latente influyendo la vida. El estado de consciencia acrecentada propicia estar preparados para poder ver e identificar esos elementos que no han sido registrados, revisados y recapitulados, y que emergen ante la atención testigo. Así que bien podemos llevar estos a nuestra libreta de recapitulación, o directamente recapitular, dejando partir el residuo energético.

La meditación es también una recapitulación constante de la vida. En muchas escuelas de meditación esto se lleva a cabo, pero no se realiza identificando los contenidos mínimamente y surge casi sin que uno se dé cuenta. Es importante también identificar el contenido significativo en la meditación, para que el grado de consciencia sea mayor y poder darle su lugar recapitulándolo. Para este último propósito, se puede llevar un diario de meditación que recoja los contenidos significativos que necesitamos liberar. No es preciso que sea excesivamente elaborado, aunque eso dependerá de cada cual.

3. *La tercera etapa: la expansión de los vórtices energéticos (chakras)*

Una vez que la mente se muestra estabilizada y el sentimiento de unidad y armonía del espíritu presente, comenzamos a sentir los estados de gozo o virtudes, que necesitamos implementar, despertando y activando los centros sutiles de consciencia: los siete chakras.

La trampa que puede surgir en esta etapa de la práctica es el apego a estos estados sutiles de consciencia y su instrumentalización, por lo que, si no se cuenta con la guía apropiada, uno puede quedar atrapado en el «paraíso» y separarse de la realidad. Este no es el objetivo del camino de la liberación. Separarse en el camino se equipara a *game over*.

En esta etapa se expanden las virtudes de los siete centros o chakras (ver apartado «Meditación activación de los siete chakras»). Poseemos un poder inmanente que está esperado ser desvelado.

Este suceso se produce como consecuencia de la interiorización de los sentidos por la práctica de la meditación, al parar el modo piloto automático, en el que el mundo se presenta como una fuente de estímulos a los que prestamos poca atención, por lo que, en consecuencia, les entregamos la energía y estos nos atrapan. Estos estímulos están constantemente induciendo una respuesta de acción, acción-reacción, de forma poco consciente. De esta forma, la energía se escapa por las puertas perceptivas. Cuando estas puertas se cierran durante la meditación por medio de la atención consciente, se comienza a despertar la consciencia inherente en los chakras y empieza a emanar la energía desde el interior de estos. Así se comienza a sentir y manifestar la energía, la confianza, la alegría, la empatía comunicativa, la visión clara, un sentimiento de unidad con la naturaleza y los seres vivos, y la supraconsciencia.

La inmanencia de las virtudes nos lleva a encontrar una consciencia que es conocedora de sí misma e inmanente, que como un maestro interno nos guía y muestra multitud de contenidos. Esto, a la vez, nos da el encuentro con una dimensión de uno mismo desconocida y olvidada, el otro yo, que se muestra como un yo conocedor.

4. La cuarta etapa: la consciencia inmanente y el otro yo

Al realizar la inmanencia de las virtudes de los siete centros sutiles, se presenta esta etapa que nos permite encontrar al otro yo, que, como guía interno, nos ayuda a resolver y dilucidar el camino. Para esto se tiene que tener recapitulada la historia de vida, al menos los aspectos más significativos que llevan a uno a perder el sentido falso de la importancia personal. Este logro es el resultado de tener la energía y experiencia suficientes, que nos dan la visión penetrante de ver y des-identificarse del ego. Esta es la etapa en la que el otro yo comienza a manifestarse íntima y automáticamente en la práctica meditativa y en la vida contemplativa.

En esta etapa avanzada de meditación, se tiene la conciencia clara de los bonos o ilusiones en uno mismo y en los otros. Sucede porque se ha realizado un trabajo de purificación de la mente por medio de la recapitulación y la meditación. Este trabajo lleva a entender la in-permanencia en la vida como un factor decisivo de apego y miedo. Realizar el espíritu de no-apego es parte de la liberación y el despertar del otro yo. El no-apego (el no-miedo), a la vez, nos hace alejarnos del sufrimiento que es producido por el falso sentimiento de importancia personal, que es el sufrimiento que nos ata a la perpetuidad de reencarnación inconsciente a través de la acción-reacción no consciente. Este sufrimiento es el producto de no haber realizado el no-apego. Dicho de otra forma, es el producto de estar apegados, identificados con las formas, atrapados en la mente dualista y en el miedo (la mente parásita). Esto sucede porque no hemos despertado al poder de la visión penetrante del Águila e interiorizado la energía.

El no-apego se presenta como un estado de des-identificación de los objetos, vacuidad de la mente y vacío fértil, producido por la práctica de la meditación en la atención consciente y la inmanencia de las virtudes inherentes de los chakras.

El otro yo es un misterio que, más que descubrir, nos descubre. Esto sucede cuando con la reconquistada y consciente mente del niño, desnuda de prejuicios, nos aproximamos a los fenómenos.

Esta etapa permite entrar y salir del estado de consciencia acrecentada. Cuando se ha realizado esta capacidad de conectar con la naturaleza del espíritu «a voluntad», se entra y se sale del estado de consciencia acrecentada. Esta es la capacidad de poder desplazar el punto de encaje a la posición del conocimiento silencioso, como sinónimo de encontrar el guía interno, el otro yo.

Esta puerta se abre por la acción de las virtudes inmanentes que manifiestan la tercera característica de la atención consciente: la consciencia consciente por/de sí misma. A la vez, abre la puerta al contacto con el otro yo, como una puerta que nos muestra el propósito de la vida y que puede ir moviéndose (revelándose) según vamos avanzando.

Algún ejemplo práctico puede ser la capacidad de escribir un libro, de construir un espacio de práctica, unir o formar una comunidad con un propósito espiritual, etc. Sea lo que sea lo que se crea, finalmente es la capacidad de crear, que nace como un empuje que nos viene de la supraconsciencia del Espíritu y que se manifiesta sin esfuerzo.

Es el pensamiento más allá del pensamiento ordinario, que se plasma en la vida. El verbo sagrado, la palabra, que se hace materia. Las palabras que verbalizamos tienen el poder, cuando se dicen con determinación en unidad con el Espíritu, de manifestarse. Así que es conveniente tener un sentido consciente y responsable de nuestros propósitos. Para esto, la unidad con el otro yo es el latido que hace vibrar en la dimensión del propósito de vida en unidad con la consciencia cósmica.

Las drogas y la meditación: los estados sutiles de percepción vs. Los estados alterados de consciencia

Las principales drogas se generan por las glándulas endocrinas y en el cerebro en el interior de nuestro cuerpo, por una suerte de equilibrio y/o «buen» funcionamiento de estas.

La dopamina son hormonas neurotransmisoras que son segregadas como una recompensa rápida a través del inconsciente dependiente emocional; el mercado juega con ella. Estímulo-recompensa es la fórmula. Es como la zanahoria que se presenta para que el conejo corra tras ella. Así, se crean adeptos y adictos a muchos productos que el mercado ofrece.

Por otro lado, la serotonina lleva un proceso de fuego lento y es la encargada —entre otras funciones— de equilibrar la depresión y la confianza. Esta neuro hormona necesita del trabajo del «artesano» que va construyendo poco a poco sus obras. La sintetización por el organismo no reside en la recompensa inmediata, sino en la confianza de que uno es creador de lo que está construyendo. Es la química (alquimia) del espíritu, el eslabón «perdido» de la ciencia.

Así, tenemos una cultura del mercado que usa las drogas que el propio cuerpo sintetiza para enganchar a los compradores, dándoles la dopamina que ellos mismos sintetizan cuando son «engañados». Esta es la pastilla azul de la matrix.

En muchas ocasiones, las «drogas» sintéticas o naturales sirven como una plataforma artificial para acceder a estados de percepción sutiles de consciencia. De alguna forma, a través de las drogas podemos alcanzar estados de plenitud y de realización en un nivel de 0 al 10 polarizado. Quiero decir que alcanzamos un grado 10 de diferentes percepciones sutiles en un periodo casi instantáneo. El problema es que estos estados no se pueden fijar en la consciencia y cuerpo energético, y rápidamente, después de estar en la cima del éxtasis experiencial, se baja a un nivel 0, e incluso por debajo de este.

Hay dos factores que implementan las drogas por los que se alcanza estados alterados de consciencia: uno es el elevado grado de energía surgido de la producción en masa de diferentes endorfinas, lo que facilita romper la armadura conceptual/caracterial. Esto a la vez propicia el segundo factor: la percepción desde los sentidos sutiles.

Por ejemplo, como algo básico, la percepción del cuerpo físico, como un campo expansionado más allá de lo físico, despertando la conciencia energética. Esta experiencia se produce con la rotura del velo de la *armadura caracterial* y permite percibir el cuerpo con un *feedback* constante con el entorno. Esto, a la vez, hace percibir el cuerpo como dentro de una renovación cíclica. Si tienes el recuerdo de cuando eras niño, podrás recordar cómo se producía de una manera natural y cómo has ido olvidándolo, en la medida en la que te has ido formando en «entendimiento» de la vida y el ego. En la medida que vamos participando de la visión dominante de la vida, asimilando las creencias dogmáticas compartidas, cerramos la fuente de percepción sutil, en muchos casos porque estas atentan con la visión dominante, por lo que, al no haber conciencia de este funcionamiento, quedarías excluido en el grupo de los locos, flipados o *hippies*.

Así que el uso de drogas, sin un contexto que sea capaz de retener e integrar la experiencia, puede ser muy perjudicial, debido al tránsito de los estados más altos de percepción sutiles de la realidad a un nivel menos 0. Esto puede crear un *shock* de decrepitud existencial, ya veces es difícil salir de estos estados relacionados con los campos de baja vibración. Porque lo mismo que el ser humano tiene acceso a los estados sutiles de percepción, también los tiene a los de baja densidad, el «inframundo».

Los estados alterados de consciencia son los procesos que llevan a estados de percepción sutiles y que no podemos fijar en la consciencia, ya que se movilizan por fuerzas ajenas y no orientadas. Simplemente, son estados alterados de conciencia, sin s. Sin embargo, los estados de percepción sutiles son en los que hay una intervención consciente y una fijación en la experiencia y en el cuerpo energético, que retiene la experiencia. Aquí radica la importancia de que el contexto viene a dar sentido espiritual al uso de sustancias, que se convierten en medicinas y de las que nunca conviene abusar. Deben ser siempre prescriptas por personas conocedoras de su uso.

La meditación también se puede considerar como una droga, siempre y cuando no tenga un contenido y contexto existencial significativo que proporcione sentido espiritual o existencial. Esta también puede producir daño si no es usada adecuadamente. El asunto con la meditación no suele ser tan peligroso como con las drogas, porque, de una manera u otra, siempre hay una intervención participativa de la persona. El problema suele darse cuando hay algún problema o trauama en la persona y la meditación es capaz de activarlo y llevar a experiencias no controladas de 0 a10 grados.

Aquí nos encontramos en un terreno resbaladizo, ya que ¿dónde está el límite que define el contexto y el significado? Para adentrarnos un poco más en este factor resbaladizo, expongo en el siguiente apartado el ritual como elemento significativo en las tradiciones.

El ritual

El ritual ha sido y es una parte intrínseca de las manifestaciones culturales, sociales, familiares y espirituales de la humanidad. El ritual nace como una representación y entendimiento de la vida, que está sumergido en la noche de los tiempos. Ha servido para expresar y darle significado, de una manera simbólica y abstracta, a los diferentes campos, contenidos y expresiones del ser humano: la familia, el nacimiento, la caza, la guerra, la celebración, la agricultura, la muerte, etc. De esta forma, los contenidos toman cuerpo y se estabilizan en la cultura y, en consecuencia, en sus participantes.

El ritual es una forma en la que se vacían múltiples contenidos: el pensamiento, la moral, lo sagrado, la reproducción, el cambio, el poder o la rebelión.

(Díaz Cruz, 1998)

Pongamos el ejemplo de la muerte. El ritual entorno a la muerte, en muchas culturas, nace como una manera de dar un sentido y/o continuidad a la vida en un más allá. ¿Cómo se hace esto? Utilizando algo que se ha devaluado con el transcurso del desarrollo científico. Un tipo de «lenguaje», que es la representación de un entendimiento a través de una *performance*, nace como ritual. El ritual es el lenguaje más primitivo del ser humano.

El ritual surgió como una manera de abarcar y expresar el pensamiento, el sentimiento y lo pragmático de la vida cotidiana. Así el ritual se convierte en un rico lenguaje cuyo medio son los «símbolos» que, como palabras, son representados en el proceso del ritual dando expresión a un lenguaje ligado a la noche de los tiempos y que se manifiesta como una *performance*.

El poder del proceso en el ritual reside en que en los diferentes rituales interviene el trinomio creador o trinidad: la energía, la mente y el cuerpo de los individuos y de los grupos. ¿Cómo sucede esto? Como he dicho anteriormente: la energía sigue a la mente, la mente sigue al cuerpo y el cuerpo posee el contacto y manifiesta la creación.

El guerrero de luz despliega este trinomio misterioso y sagrado en su desarrollo y práctica. La práctica del guerrero de luz tiene un lenguaje propio, el ritual. Llevará tiempo comprender la importante aportación de incorporar creativamente el ritual cuando recapitulamos, meditemos, ensoñemos y realicemos ceremonias de poder. A través del ritual, nos comunicamos y expresamos desde la totalidad de nuestro ser. Es una forma de expresión y comunicación que integra e incluye la totalidad del ser humano y de su contexto significativo.

Necesitamos mirar al «pasado» y comprender el significado que el ritual ha tenido a lo largo de la historia para así adecuar nuestra realidad y que el ritual no sea una forma dogmática sin sentido. Es interesante ver qué hay de dogma y qué significado tenía este, para así adecuarlos a nuestra realidad y poder salir de la coraza energética que produce estar encerrados en un dogma rancio y sin sentido.

El uso del dogma como lenguaje ha sido instrumentalizado como una forma de control social (*dogmacracia*), de asimilación de una cultura, que en el mejor de los casos puede ayudar a no entrar en conflicto con las partes. Este es el dogma «sin sentido» para los fieles sumisos, el dogma como sinónimo de fe ciega y sumisión al poder. A través del ritual se hacen los contratos que encadenan el libre espíritu al dogma dominante. Quien se atreve a transgredir es excluido, como en una secta.

La arquitectura físico-energética de la meditación

Poseemos un cuerpo en el que, en última instancia, su exponente más poderoso está gobernado por el volumen de energía que se es capaz de cultivar y estabilizar. Sin energía, no hay ninguna posibilidad de comprender y realizar la práctica que nos lleva a la libertad.

El primer pilar del camino del guerrero de luz es ser impecable con las actividades de la vida, de forma que la energía no sea derrochada de manera inconsciente. Esta es la relación con lo externo. Para esto, originalmente, se prescribieron los preceptos en tantas tradiciones. Su principal objetivo es asegurar que no se pierda la energía. Los preceptos vienen a establecer una forma de vivir, de hacer y de practicar impecable. Ahora, estos debieran nacer de esta comprensión de que todo tiene una consecuencia y que somos responsables de gestionar esto.

El cuerpo físico obedece a una estructura física y energética que es capaz de movilizar la energía. La arquitectura del cuerpo es como un gran generador y procesador de energía. Debido al movimiento y a la postura del cuerpo, inducimos la actividad en los centros sutiles, donde se unifican el cuerpo, la energía y la consciencia.

La consciencia unida al Espíritu es lo que comienza a movilizar la energía. Donde va la mente, le sigue la energía. El cuerpo tiene el poder de hacer que la mente le siga. Este es el trinomio creador y estabilizador (energía, mente y cuerpo). Esta consciencia de la arquitectura físico-energética del ser humano ha sido entendida con sus diferentes matices, cultivada y transmitida por diferentes tradiciones. En mi recorrido espiritual, estoy especialmente influenciado por las tradiciones del budismo zen, el camino rojo y el yoga.

Meditación activación de los siete vórtices (chakras)

Este trabajo tiene múltiples beneficios. Los más destacados son los resultados que recuperen la energía primordial del estado activo de estos centros. Estos centros vitales son los nexos de unión del campo físico, energético y espiritual. La manifestación inmanente de las virtudes naturales duerme en los chakras.

En el ejercicio, vamos focalizando progresivamente la atención en cada uno de estos centros-vórtices, visualizando diferentes códigos de información a través de las imágenes y palabras (asideros), y la escucha de la sensación que se manifiesta (Ver «Tabla 2»).

Debemos estar sentados en la posición de loto, como se especifica en el apartado de la meditación recapituladora donde se trata cómo sentarse en meditación. Asimismo, trabajando la respiración. En este ejercicio, la atención está focalizada en el trabajo específico que se va continuando progresivamente en cada chakra.

La energía primordial está íntimamente unida a la energía sexual. La energía sexual contiene el elixir de la vida; la Kundalini. Esta es cultivada en el Tantra para hacerla ascender y circular por los *nadis*. Así, realizar el acto sexual no se limita al coito, sino a mantenerse centrado en un estado de atención consciente para que la energía circule por el cuerpo energético.

Castaneda y algunas tradiciones budistas y yóguicas son partidarios de la abstención sexual para transmutar la energía sexual. Otras tradiciones yóguicas son partidarias del tantra, el acto sexual como sintetizador del elixir sexual. Personalmente pienso que hay que saber fluir en las dos tradiciones y más allá de estas, ya que cuando aceptas la vida, vas más allá de esta, a la vez que la vives desde la totalidad. Se necesita transitar por ambos procesos: soledad y pareja.

El primer intento de focalización y visualización lo llevamos al primer centro, y así seguiremos con cada chakra. De tres a cinco minutos en cada chakra será suficiente. Este primer chakra es Muladhara, la fuente del elixir de vida. La energía primordial que dota de energía y vitalidad al cuerpo y que, elevándose por los canales central y doble paralelo, va alimentando y transmutando la energía primordial con las diferentes frecuencias, que cada centro, a modo de sintetizador de energía, manifiesta.

En el canal central se sitúan, de abajo arriba, las diferentes frecuencias de los centros (chakras), como un canal incandescente de luz. El doble paralelo es el que manifiesta las energías femenina y masculina: yin y yang. El derecho es el masculino; el izquierdo, el femenino.

Este primer centro es el que recibe la energía de la tierra y la energía primordial o kundalini, que descansa en el interior de la médula ósea, en la cavidad del sacro, y paralela y circularmente por el doble canal ascendente. Es el manantial donde nace la energía primordial o kundalini.

El segundo centro es Svadhisthana. Este es el centro de la expansión del elixir de la vida y de la vacuidad, centro de la creatividad y de la fecundidad en las mujeres. Es el que gobierna la sexualidad transformada en sensualidad y el goce del movimiento. Este es el centro físico del cuerpo. Para la cultura taoísta, es el océano de energía o Hara. También es el centro capaz de transformar el exceso de pensamientos y emociones.

Permanecemos de cinco a tres minutos en cada centro, pronunciando internamente la palabra asidero y focalizando la atención en dicho chakra. También los visualizamos con su color luminoso.

El tercer centro es Manipura, el yo solar, el yo que está unido al propósito cósmico del ser solar. Está situado en la punta del esternón. Es la dirección en la que nos proyectamos en la vida en armonía con nuestra energía, propósito con el que nos manifestamos en la vida, el propósito divino. Es la vocación para la que sentimos que hemos nacido. También es la conexión, junto con los dos primeros, con el animal sagrado de cada persona. Se empodera en la elevación de la expansión del elixir de vida en este vórtice: yo soy manifiesto de luz, propósito de vida, de creatividad, de sobriedad, de templanza.

El cuarto centro es Anahata y está ubicado a la altura del corazón. Este es la alegría que sentimos desde que somos niños ante la vida que se manifiesta, o algo que nos sorprende y fascina, por ser visto con los ojos nuevos, los ojos del niño interno. Alegría que se transforma en amor incondicional hacia todas las formas de existencia. El centro de la simpatía y empatía. Este es el cerebro intuitivo del ser humano

El quinto es Visuddha. Es la conexión y la comunicación, el decreto universal de dar-manifestar como forma natural en la que el ser humano se manifiesta. En último término, es la manifestación de la sílaba sagrada OM: la manifestación de lo humano y sagrado en unidad en la vida.

El sexto centro es Ajña, el tercer ojo. El ojo penetrante del águila. La visión desde el campo sutil del mundo invisible. La manifestación de los sentidos, que unidos a Ajña, el centro de energía-consciencia, se transforman en las percepciones de los sentidos sutiles. El mundo sutil se percibe a través de los sentidos sutiles, que encuentran en Ajña su centro de gobierno. Cuando Ajña está abierto y activo, la atención consciente se implementa naturalmente.

Así, la vista, es decir, los ojos unidos a Ajña pueden identificar la energía con sus cargas en las diferentes manifestaciones y seres. El oído, unido a Ajña en una de sus expresiones, recoge el sonido del universo como un silbido que le permite contar con la supra consciencia, recibiendo mensajes de visión a través de la «palabra».

El séptimo es Sahasrara, la puerta de la supraconsciencia cósmica, la gran mente. Lo sagrado que penetra como una luz blanquecina violeta, bañando nuestro cuerpo físico y energético de consciencia cósmica: la supraconsciencia. Ajña está íntimamente unido al portal con la supraconsciencia y es gobernado en última instancia por esta. Este es el fundamento del sentido espiritual más profundo del ser humano. La kundalini, en su camino ascendente, se une con la supraconsciencia. Como hijos de la tierra, semillas que germinan en la tierra y se proyectan hacia el universo, encontrándose con la energía de la supraconsciencia, permitiendo que estas semillas germinadas en la tierra sean fecundadas por la esencia cósmica para convertirnos en semillas estelares. Somos semillas de luz, que aunque en esencia poseemos el potencial de la semilla, habitualmente desconocemos el potencial que encierra esta. Es la gran fascinación de manifestarla esencia luminosa, que es la que el universo sagrado, la creación ha depositado en cada ser de luz.

El ejercicio consiste en ir subiendo de centro, enfocando la atención en estos puntos a la vez que pronunciamos los nombres, junto con su asidero raíz de consciencia–energía. Debemos tomarnos un tiempo para, simplemente, dejar manifestarse y observar la consciencia energía que se manifiesta en cada centro.

Al finalizarla meditación de activación, es conveniente continuar con una meditación sin objeto de unos cinco minutos, enfocando quizás la atención en el corazón o en el bajo vientre para disolver toda traza de identidad y habitar en el vacío fértil.

Tabla 2. TABLA TÉCNICA

Chakra - Centro	Energía y sentido sutil	Palabra asidero: yo soy	Color	Vibración
1. Muladhara	Kundalini. El olfato sutil	Fuente de fuerza, vitalidad, sexualidad	Rojizo tierra	Lam
2. Svadhisthana	Vacuidad. El tacto sutil	Elixir de vida, sensualidad, vacuidad	Naranja	Vam
3. Manipura	Yo soy. El cuerpo sutil	Yo soy, templanza, confianza	Amarillo dorado	Ram
4. Anahata	Alegría-amor. El sabor sutil	Alegría de vivir, amor/alegría	Verde esmeralda	Yam
5. Visuddha	Vibración. La voz sutil. La campana celestial	Manifestación y contacto	Azul turquesa	Ham

| 6. Ajña | Sabiduría-consciencia. Visión del mundo sutil. Tercer ojo | Intuición, consciencia, visión penetrante, visión del águila | Morado | Om |
| 7. Sahasrara | Recuerdo sutil. Memoria ancestral | Unidad con la supraconsciencia, consciencia cósmica | Blanco Violeta | OM |

Los sentidos sutiles

Es delicado hablar de los sentidos sutiles como se hace de ordinario, porque están interconectados y su manifestación se suele realizar simultáneamente. Además, la percepción de estos solo puede comprenderse realmente cuando se experimentan. Se manifiestan de forma extática y como una experiencia interna.

Si alguien que no ha tenido la experiencia oyese, por ejemplo, que una persona puede ver el color del cuerpo energético y, además, sentir cómo se implementa la energía en la percepción y consciencia o cómo recibe canalizaciones de energía e información, inmediatamente la persona «sensata» piensa que este tipo o está loco, o es muy raro.

El olfato sutil puede surgir como un aviso de entidades o energías: las densas se sienten como olores negativos; las de alta vibración, como olores positivos. El olfato sutil es capaz de despertar percepciones de alta vibración de conciencia y de dirigirnos en un objetivo. Uno de mis primeros encuentros con la meditación que me procuró un sentido de estado de presencia se manifestó cuando percibí un olor sutil de incienso que despertó la consciencia corporal de presencia como nunca antes recordaba. En esta experiencia, cuando se manifiesta el sentido sutil del olfato, podemos percibir cómo interactúan al menos tres sentidos sutiles: el olfato sutil, el tacto sutil y el recuerdo (memoria) sutil.

El tacto sutil surge como una percepción corporal y extra corporal que lleva a extenderla capa epidérmica como una prolongación energética que dota la percepción de un gozo sensitivo de las existencias de una forma congruente de contacto con los seres y cosas que nos relacionamos.

El gusto sutil se manifiesta como una capacidad de percibir la medicina que tienen los alimentos. Estos procuran las sustancias necesarias al cuerpo físico y energético que lo mantienen vital y, asimismo, para percibir desde el sentido sutil la intuición más física, descubriendo el sabor no solo de los alimentos, sino de todo eso que nos alimenta en las interrelaciones. El sentido sutil del sabor es la alegría, que se expansiona en la experiencia hacia ambos polos de la percepción y encuentra su punto de equilibrio en la sobriedad del vacío fértil y éxtasis de la unión con el Gran Espíritu.

El sonido sutil (sentido de oído) se manifiesta cuando escuchamos nuestras propias vibraciones vitales y sutiles, así como la vibración de los seres y cosas de la existencia. Desde el sonido de vacío fértil hasta las campanas celestiales son tipos de experiencias extáticas. Por ejemplo, podemos hacer sonar la campana de nuestro cuerpo energético, que forma una cúpula que nos envuelve, al cantar y lanzar el OM sagrado. Al finalizar podemos sentir resonar esta campana, en la medida que poseamos suficiente energía y poder.

La visión sutil despierta el tercer ojo y permite ver la energía de los seres y las cosas. Esta energía también sirve como fuente de información. Este es el ojo de la visión penetrante del Espíritu, que permite ver más allá que desde el yo. Es la visión penetrante del águila, del otro yo, del maestro interno, que nos descubre el conocimiento desnudo. Es el encuentro con el doble sagrado. Este es un gran misterio que nos hace sentirnos como una *ínfima partícula* de conocimiento, energía y consciencia luminosa sobre el universo y, a la vez, como parte de él.

El sentido sutil del recuerdo-memoria (sentido sutil de la mente) se va despertando según vamos implementado los cinco primeros sentidos sutiles. Aunque cuando reencarnamos la mayoría de las personas no recuerdan con exactitud sus otras vidas, sí que hay un bagaje energético que acompaña al cuerpo energético y físico. Este se manifiesta como un saber que sí y que no, que nace de lo que comúnmente se llama intuición y que el programa de los seres inorgánicos se encarga en desestimar y desprestigiar para que no podamos implementar y acceder a este conocimiento.

Muy habitualmente, estos recuerdos son como pequeñas imágenes de sueños que, en la medida que vamos adquiriendo energía y poder, van tomando cuerpo y claridad.

La meditación sin objeto: la meditación de la vacuidad y ecuanimidad

En la cultura del budismo zen, hay algunos textos considerados «sagrados» que tratan sobre la práctica de la meditación sin objeto o vacuidad: *Hannya Shingyo, el sutra del Diamante* o *Shin Jin*

Mei son algunos de los más significativos. La meditación sobre el vacío consiste en detener el modo de pensamiento automático e inducir los elementos necesarios para establecer la mente en la observación testigo, que no juzga y que no se identifica y apega, sea positivo o negativo.

La clave es ejercer una atención consciente. ¿Consciente de qué? Primero consciente en la mente ordinaria–dualista, que constantemente está juzgando, eligiendo y rechazando, y ocupando el primer plano. Al darse cuenta de la mente categórica, dualista, impedimos que esta se lleve la energía y, por el contrario, estabilizamos la energía en la propia postura y respiración consciente. A partir de este cambio de centro energético, poco a poco comienza a emerger la consciencia desnuda, separada de los fenómenos.

Para ilustrar estos conceptos, voy a comentar un poema que puede ayudarnos a adentrarnos en el entendimiento de la meditación sobre la vacuidad:

> *Realizar la vía no es difícil*
> Tan solo no elegir, no rechazar,
> Ni amor (apego) y ni odio.

Este poema fue escrito por el maestro Sosan (¿-606), tercer patriarca del budismo zen, después de Bodhidharma. Sosan tenía la lepra y cuando se hizo seguidor y discípulo del maestro Eka, le preguntó cuál era la razón profunda de su enfermedad: *«¿Por qué soy leproso? ¿Puede ser a causa de mi malvado karma?»*. Eka le respondió: *«Muéstrame tus crímenes, muéstramelos, y solo después podré purificarlos»*. Sosan recibió la ordenación y consagró su vida a la *vía, práctica zazen* (meditación zen) día y noche con total devoción. La lepra desapareció, y escribió el *ShinJinMei* (AZI 1984).

La práctica de la meditación sin objeto consiste en profundizar en el conocimiento de nuestra naturaleza, hasta que se han caído todas las máscaras que se han ido adoptando. Esto es como perder la importancia personal, la mente parásita, el ego. Así, desnudos en la meditación, la experiencia del silencio puede penetrar en nuestras células y manifestar la naturaleza verdadera y maravillosa sin forma.

Este primer poema expresa la esencia del espíritu en la meditación en el vacío fértil (no-hacer): dejar pasar, no elegir, no rechazar, ir más allá. Ser el testigo silencioso que observa el reflejo en el espejo precioso en la meditación. La consciencia silenciosa que nace de la atención consciente en zazen.

El no-hacer nos posiciona en la dimensión no racional, donde la mente no se queda enredada en la trampa del ego. No se puede comprender la meditación sobre el vacío fértil tan solo con el intelecto. Para asir la esencia se requiere ir más allá del racional, dejar este y practicar con el cuerpo (físico y energético) para realizar el *orden cósmico*. El ego está fuertemente condicionado y evocado por la «necesidad» de elegir y de rechazar, de «esto amo y esto rechazo». Cuando la vida está dominada por esta inercia, el ser humano camina hacia su propio infierno y destrucción.

Necesitamos encontrar la dimensión del no-yo, no-ego. La meditación sobre el vacío fértil es el camino que «purifica nuestros pecados». Es la magnífica y misteriosa vía espiritual olvidada del ser humano; volver a la condición normal del espíritu-mente.

> Basta con que no haya ni amor ni odio
> para que la comprensión aparezca,
> espontáneamente clara.

El maestro Kodo Sawaki dice: «No huyas, no busques, no te apegues. Si buscamos algo, nuestro espíritu pierde su pureza» (AZI 1984).

Este segundo poema va íntimamente unido al primero y viene a añadir el lado mágico e inasible de la manifestación del espíritu en la práctica de la meditación del vacío fértil: el Espíritu.

Así como el primer poema incide en la actitud de no-hacer (no elegir, no rechazar) que necesita adoptar el practicante para adentrarse en la vía del zen, este segundo poema incide en cómo la luz silenciosa (Ko Myo) se manifiesta espontáneamente cuando no hay un yo que elige o rechaza, que ama (apego) u odia. La pureza de la que habla Sawaki es Ko Myo, la luz silenciosa inmanente del despertar.

El poema trata del poder de manifestación de la naturaleza silenciosa (Ko Myo) cuando se vive desde una actitud impecable, cuyo principal axioma es no-hacer. La meditación sobre el vacío fértil es entrenamiento y manifestación ecuánime de esta actitud impecable, como una acción de atención consciente que el practicante lleva a cabo. Y Ko Myo es la luz silenciosa del despertar que se manifiesta espontáneamente cuando se comprende y se practica impecablemente.

La arquitectura psicoemocional de la meditación: la importancia personal y las pasiones

La meditación en la atención consciente tiene un objetivo fundamental, que consiste en considerar, mirar y darse cuenta de lo que uno mismo es. Esto, a la vez, inevitablemente nos lleva a darnos cuenta de cómo los sucesos y la propia vida están sujetos a un paradigma de insustancialidad e in-permanencia, tan aparentemente contrario al paradigma evolucionista del logro y progreso, responsable en última instancia de la construcción clásica del ego. En otras palabras, podemos decir que considerar, mirar y darse cuenta de lo que uno mismo es significa entender lo que uno no es, debido a este darse cuenta de la insustancialidad de los fenómenos e in-permanencia.

El ego se levanta, como un padre tirano exigente, creado por el paradigma progresista, que suplanta a nuestro yo soy (experiencia de sí mismo en unidad con el contexto) y termina por eclipsarlo. El niño interno es amordazado y olvidado en el cuarto oscuro, cuando no es definitivamente enterrado.

Una parte importante del hacer en la atención consciente consiste en descubrir quiénes somos. ¿Quién soy? Esta pregunta se responde, en buena medida, cuando nos damos cuenta de lo que no somos, más que ser tal o cual personaje, estereotipo, rol o sea lo que sea con lo que uno se identifique. Cuando se profundiza en el conocimiento introspectivo de lo que uno es, se llega a la conclusión de que todo es algo que nos sucede y con lo que nos identificamos, pero que, en último término, no tiene una sustancia estable o noúmeno. Esto, a la vez, nos lleva a darnos cuenta de cómo hemos construido, «sin darnos cuenta», una identidad que viene a establecerse en el centro de nuestro yo. Cuando esta falsa identidad es descubierta, es apartada a un lado y queda el yo soy aquí y ahora. Esta experiencia lleva a un estado de unidad y de ecuanimidad donde los valores intrínsecos al ser humano toman consciencia y los falsos valores son «desvelados».

Se puede pensar que también somos los valores que heredamos, y estoy de acuerdo en parte. Creo en unos valores universales. Estos no llegan a tomar validez en uno hasta que uno no los integra a través de su experiencia.

Los valores, en ocasiones, han sido utilizados para cometer las barbaridades más grandes y, a la vez, para «educar» al ser humano a ser parte de una sociedad cortada al ras: adecuación y reproducción. Así, al darse cuenta de todo este juego, se comienzan a recapitular las historias vividas para separar el grano de la paja y reparar.

La meditación en la atención consciente, en buena medida, es una forma de recapitular la vida para desmontar y deshacernos de todos los anclajes que nos mantienen atrapados a viejos dogmas, patrones, tópicos, contratos y estereotipos que ahogan e inmovilizan.

Hay un hecho profundamente significativo en la recapitulación, sea hecha esta al modo tolteca de una forma extensamente estructurada o en la forma de la meditación sobre el vacío. Este hecho es el darse cuenta y dejar partir, que tiene que ver con las expectativas que depositamos en los otros y las que sentimos que otros depositan en uno.

En la recapitulación, cuando se han recuperado extensamente los recuerdos e identificado el asidero, el último movimiento es el de liberarse de las expectativas que sentimos que se nos pusieron o aceptamos sin mucha conciencia y que están estrechamente alineadas con las que uno puso. Este es el punto clave, todo sucede en este punto. Esas expectativas que nosotros pusimos en los otros tienen una fuerza inversamente proporcional a las que sentimos que los otros pusieron en nosotros. Así el decir «ahora te y me libero de las expectativas que te puse y me libero de las que pusiste» es profundamente liberador.

En la meditación sobre el vacío y la in-permanencia, la actitud fundamental es dejar partir (recapitular) desde un espíritu que no juzga y que no se apega, ni rechaza. La meditación sobre el vacío es como un espejo en el que se convierte la propia mente, donde podemos vernos reflejados; al darnos cuenta de las partes, nos damos cuenta de que aun «siendo eso», no somos eso, y toda una cadena de identificaciones de expectativas puestas es desvelada. Así se pueden dejar ir, ya que nos damos cuenta de que no somos en esencia eso, sino que fue o es algo que sucedió con lo que nos «quisimos» identificar.

El control espiritual: del absolutismo a la libertad

El gran misterio del espíritu es que este se «rinde» a la consciencia, a sí mismo. Cuando hablamos de poder, enseguida pensamos en la jerarquía como sinónimo de orden y conocimiento. En muchas ocasiones se viene transfiriendo de generación en generación, sin integrar ni transgredir las normas.

La arquitectura espiritual del guerrero de luz se estructura desde el paradigma convergente de la energía y consciencia, en contraposición con el paradigma lineal. Es la arquitectura que viene a desmontar los cimientos de la esclavitud.

El control y poder se ha ejercido con la instrumentalización del miedo. El miedo mata el espíritu y anula el poder y la fuerza. Las élites que han sustentado el poder lo han sabido siempre bien; de ahí el dicho «la letra con sangre entra». La «doctrina del *shock*» es muy efectiva, y es ahí donde el guerrero de luz marca la diferencia. El que ha perdido la «idea» de importancia personal no teme y se paraliza por el miedo, y, por lo tanto, no lo condicionan el miedo instrumentalizado ni el miedo a la muerte. A través del miedo se ha ejercido el control desde la noche de los tiempos. Su forma de aplicarlo a la población ha ido cambiando y adaptándose a los tiempos. La «ciencia» ha sustituido a la religión cuando esta dejó de ser convincente. Los seres voladores han ido cambiando el dogma, llámese ciencia o religión; ambas son el mismo juego perverso con la que estos seres controlan la «granja humana».

El mayor poder se ejerce sobre el mayor miedo que podamos albergar, y este es sinónimo de incertidumbre y desconocimiento. No se teme de la misma manera lo que se conoce como lo que no, porque esto último crece siempre en el inconsciente. Así las diferentes religiones controlan a sus devotos, instrumentalizando la muerte. Esta es la idea principal con la que las religiones y la ciencia ejercen su poder de forma jerárquica y, en consecuencia, atrapan el poder personal de sus «adeptos».

Todas las grandes religiones y el cientificismo en la actualidad se han convertido en una gran trampa. Solo hay que mirar cómo se organizan de manera jerárquica y cómo son los que ejercen el control, diciendo quién sí y quién no está en el «buen camino» y en posesión de la verdad, haciéndose poseedores del mensaje único, de la verdad absoluta, al estilo de la Inquisición. Estamos viviendo un absolutismo científico similar al de los reinados católicos absolutistas de antaño.

Desarrollan sus refinados dogmas para atrapar a la gente en sus redes de araña y, con ello, su energía. En última instancia, el precio tiene un nombre, la energía con la que pagamos: el poder personal.

La energía con la que pagamos tiene diferentes formas: una es el dinero, otra es el tiempo y otra es la «devoción». Son las tres formas básicas por las que los seres voladores, detrás de las élites y en conjunta sincronía con estas, someten al «ganado».

La vida toma una forma de estafa piramidal, en la que según se está inmerso más abajo en la base de la pirámide, se tiene menos poder personal y el pago de cotas de energía se realiza a costa de perder el poder personal, cuando entregamos los recursos que poseemos: dinero, tiempo y devoción.

El poder personal

El poder personal no es el ego. El poder personal va tomando volumen y forma en la medida que se desmonta y se pierde importancia personal. Perder importancia de personal significa también desvelar la «realidad» tal cual nos la han presentado, despertar.

La historia personal, que tiende a consolidar el ego mediante el juego identificativo de la mente dualista, se sostiene sobre el paradigma lineal y del logro. Esta es la trampa del programa que los seres voladores han insertado en la conciencia humana para hacernos creer que la mente ordinaria y dualista es el yo. Así atrapan la energía de las personas, en una ruleta de ratones, procurándoles energía vital. Somos los ratones que corren tras la zanahoria para mover la rueda que nos alimenta; es la granja humana.

La historia personal está íntimamente relacionada con la percepción del mundo físico. De cierta forma, nuestra percepción de quiénes somos en relación con la importancia personal, ya que somos en la medida en la que nos relacionamos con el entorno, pues este entendimiento del entorno también es el entendimiento de uno. Hay que entender que los paradigmas sociales y científicos son constructos que forman la realidad de cómo percibimos el mundo y, en consecuencia, a uno mismo. Quiero decir que la visión que impera es la «científica», donde la razón ha matado al espíritu, por lo que el ser humano se ha reducido a una mínima expresión.

Hay que considerar que, en un principio, podemos pensar que el mundo está repleto de posibilidades y de diferentes enfoques paradigmáticos. Pero la realidad no es tan extensa. La realidad es que aunque existen diferentes enfoques paradigmáticos —el religioso, científico, existencialista, etc.—, la mayor parte están cortados por un mismo patrón: el paradigma jerárquico, lineal y de logro personal, programado para cortar el poder personal y ponerlo al servicio del programa.

Cuando empezamos a ver este juego, nos damos cuenta de que la importancia personal, junto con la idea del miedo a la muerte, es una trampa «mortal». Empezamos a ver que la «realidad» no es tal como se nos ha presentado y que en nuestro desarrollo y comprensión de la vida se podían haber delineado otros caminos.

Así comenzamos la búsqueda del camino espiritual. Empezamos por querer comprender: ¿quién soy? La pregunta nos lleva a desmontar el artificio en el que estamos atrapados. Desmontar y dejar de seguir las expectativas y propósitos foráneos que se han instalado en el «disco duro», para girar la mirada hacia dentro y empezar a utilizar la energía para la experiencia de la atención consciente. Este cambio de enfoque nos sitúa en el aquí y ahora, en términos de percibir la energía y consciencia como una forma de experiencia que emana del interior de uno mismo y en armonía con el entorno, especialmente cuando nos situamos en la atención consciente.

Una de las percepciones de la realidad que cambiamos en este giro es la de la mirada hacia dentro o interiorización, es decir, concebir la vida en términos de energía y de experiencia interna, en sustitución de la percepción de la vida como materia finita y logro externo. En este aspecto, la concepción y percepción del espacio-tiempo como un factor cuántico (paradigma convergente) y no lineal y progresivo, como se concibe desde el paradigma lineal, marcan la diferencia en el cambio de consciencia.

Así van cambiando la idea de la muerte por la del cambio de realidad, en la medida que se despierta al otro yo como percepción de otra realidad paralela, y la del miedo a la muerte por el incentivo para la lucha en el camino del guerrero de la luz.

El poder personal es un poder que desconocemos y que se va mostrando en la medida que accedemos al contacto con nuestro doble, el otro yo, y a percibir la realidad desde diferentes prismas perceptuales y existenciales.

El drama del ser humano es que vive en un mundo repleto de posibilidades fantásticas, pero se queda detenido en el punto de inflexión y oscuro, como en la metáfora del pez, que rodeado y envuelto por el océano ignora lo que es el océano.

La práctica del guerrero de luz consiste en ir recuperando la memoria antigua, esa que ya cuando éramos niños poseíamos y que con el transcurso del tiempo, en la medida en la que nos socializamos, perdemos, y que está justamente delante de nuestras narices.

La batalla es la de la reconquista del poder personal entregado a los predadores, una batalla a «muerte» por la que ya muchos seres hemos pasado infinidad de veces en el transcurso de las reencarnaciones. Vamos acumulando energía en el transcurso de las vidas y en esta, y esta energía nos ayuda a dar el salto cuántico final en el momento que dejamos este plano, lo que ordinariamente se llama morir.

Para reconquistar el poder personal, necesitamos acumular la energía. Esto significa salir de la conceptualización clásica limitadora de la realidad y situarnos en el paradigma convergente. La reconquista del poder personal pasa por la acción de la pérdida de importancia personal. Esta, a la vez, nos lleva a des–identificarnos de una realidad rígida, congelada y lineal, y a considerar la vida desde el paradigma convergente. Inevitablemente, esto nos lleva a vivir un paso más allá del miedo y a considerar la muerte de otra manera, como un cambio a lo desconocido.

La pérdida de importancia personal nos saca de multitud de situaciones parásitas que drenan la energía del poder personal. Cuando no hay apenas importancia personal, no hay un individuo que se ofende y que entre al juego devorador que propician los seres voladores.

Meditación con la Sombra

Al poder que gobierna el destino de todos los seres vivientes se le llama el Águila [...].

A medida que el vidente contempla esa negrura, cuatro estallidos de luz le revelan lo que es el Águila. El primer estallido, que es como un rayo, guía al vidente a distinguir los contornos del cuerpo del Águila. Hay trozos de blancura que parecen ser las plumas y los talones de un águila. Un segundo estallido de luz revela una vibrante negrura, creadora de viento, que aletea como las alas de un águila. Con el tercer estallido de luz el vidente advierte un ojo taladrante, inhumano. Y el cuarto y último estallido le deja ver lo que el Águila hace.

(Castaneda, 1981)

Antes de comenzar a trabajar con la sombra, es muy importante y conveniente tener hecho un buen trabajo con la recapitulación, para que las posibles proyecciones del material no recapitulado y no consciente no aparezcan en forma de proyección en la sombra. Por lo que aconsejo encarecidamente que no se empiece este trabajo de forma individual, especialmente si antes no hay un buen conocimiento de uno mismo y de las proyecciones personales.

Primero quiero aclarar que la meditación con la sombra no es exactamente un trabajo de polaridad terapéutico, aunque sí puede tener un efecto revelador en este sentido de aspectos (polaridades) ocultos y negados.

El objetivo de la meditación con la sombra es triple. Por un lado, es tomar consciencia de proyecciones ajenas y propias, de elementos ocultos a simple vista. Ver cómo participamos de forma velada en este juego, para finalmente disolverlas. Segundo, repropiarnos de la energía que mantenía ese patrón de proyección activo (amarre). Finalmente y de primer orden, conectar con el doble yo y vínculo con la visión penetrante del águila.

Este vínculo último es lo que va a ayudar a desvelar aspectos que nuestro yo ordinario esconde muy a menudo. Sucede en el trabajo con la sombra algo similar al trabajo con el sueño lúcido: hay un soñador y un soñado (la sombra y el ego, la mente testigo y el reflejo) que forman parte de uno mismo. A este respecto, Castaneda dice en su libro *Relatos de poder*: «Dice don Juan a Carlos: Todo lo que te puedo decir, a manera de explicación, es que el doble, aunque se llega soñando, es de lo más real que hay». Esto mismo se puede aplicar a la sombra como manifestación del vínculo con nuestro otro yo que procura la visión penetrante.

La meditación con la sombra nos conecta directamente con el poder de la visión penetrante del Águila, que conocemos gracias al vínculo con el otro yo. Esto nos va permitiendo ver lo que estaba oculto, especialmente esos asuntos que reprimimos de uno y también esos otros que son proyectados en uno, cuando traemos el problema a consultar con la sombra. El trabajo pasa por transmutar la sombra no consciente, lo que no se ve, en luz, pues energéticamente se transforma en una sombra luminosa. Este es el poder que ejerce el guerrero de luz enfrentando al misterio y lo desconocido.

Pauta de meditación con la sombra

Para realizar la meditación con la sombra, nos sentaremos de la manera tradicional y que tengamos establecida en nuestra rutina para la meditación, en un cuarto sin iluminación, situando una luz detrás de uno, de tal forma que esta proyecte nuestra sombra sobre la pared. Nos colocamos sentados de cara a la pared. Nos situaremos a un metro aproximadamente de la pared, por lo que la sombra se proyectará a un metro. Tiene que estar dispuesta la luz de tal manera que el cuello de la sombra quede enfrente y a la altura de nuestros ojos. No debe haber ninguna prenda que interrumpa el contorno del cuello y de los hombros; estas siluetas deben delimitarse bien a la vista, porque forman el contorno del que energéticamente emanará el poder personal proyectado a través de la sombra.

Cuando empezamos a hacer el trabajo, nada más sentarnos delante de la sombra, le hacemos una reverencia, pidiendo «perdón» por todo lo que ocultamos en ella y entregándonos a su poder revelador. Es conveniente tener un altar en el que encomendarse y ofrecer un poco de incienso al poder universal, a los guías espirituales, para que nos acompañen y protejan en el trabajo.

La mirada queda fijada sobre el centro de nuestro cuello en la sombra —fijando una mirada global—, de forma que en poco tiempo veremos el contorno delimitado por una franja oscura y el interior tomará la forma de niebla luminosa.

Una vez establecida la luminosidad en la sombra, hacemos la consulta. Puede ser una intuición con alguna persona o un problema concreto que no llegamos a entender. El trabajo con la sombra nos ayuda especialmente a ver las proyecciones militarizadas de otras personas y circunstancias que nos acucian y nos parasitan. Es muy importante ver cómo sin darnos cuenta participamos en este juego, permitiendo por nuestro yo ser conscientes. Todo esto se ve casi de un solo golpe, cuando se da la revelación de la sombra.

El trabajo con la sombra también puede ser y es una poderosa forma o modelo de recapitular, que nos permite sacar a la luz las sombras (residuos energéticos parásitos), repropiándonos de la energía de estos recuerdos liberados.

Lanzamos la cuestión o traemos la persona o situación a revelar y simplemente dejamos que la respuesta aparezca. Nos damos tiempo de escucha. No hay que tener prisa. La actitud es la de un testigo mudo que escucha el oráculo del Águila, sin juicio.

La magia sucede y se revela. En este punto, se establece una intuición profunda que abre el ojo del Águila, revelando lo que permanecía oculto en la sombra. Veremos aspectos que se revelan como quien vislumbra una penumbra que se aclara.

Habitualmente, cuando las proyecciones ajenas son reveladas, vienen reforzadas por un darse cuenta del consentimiento propio que no era consciente y que es reforzado por una parte (polaridad) nuestra negada o negativizada. Es en este punto donde la meditación con la sombra tiene un efecto de recuperar la polaridad negada y su poder.

La falsa compasión es una forma de aceptar lo inaceptable en nombre de esta. El buenismo dogmático se convierte en una forma de ir claudicando nuestro poder cuando no debemos ni queremos darlo. Hay que saber decir no, no te compro tu mentira, ni me vendo a ella en nombre del buenismo.

Después de la revelación, la energía que estaba oculta comienza a moverse, como si fuesen las alas del águila que se mueven inundando nuestro cuerpo energético por sus aletadas y olas de energía. Este es un proceso energético renovador en el que se recupera la energía. Finalmente, cuando sentimos que esto ha terminado, agradecemos a la sombra. Para finalizar, enfocamos unos minutos meditativos en una meditación en el vacío, conectando con el silencio y la luz del corazón.

Con el tiempo se desarrolla el poder de ver, de abrir el ojo del Águila, cuando practicamos simplemente la meditación sobre el vacío y llevamos la atención consciente en forma de querer ver eso que nos acucia y sentimos que no es consciente. El ojo del águila nos mostrará algo que no veíamos al relacionar la intuición acuciante con las personas relacionadas. Muchas veces eso que no vemos son proyecciones negativas hacia uno, en relación con las personas reaccionadas. Y lo que las hace letales es que no seamos conscientes, porque en el campo inconsciente, como un enemigo infiltrado, está minando la energía con estas proyecciones que no se ven, y, de alguna manera, al no verlas, las dejamos hacer.

Uno de los problemas que presenta la mente racional es que muy a menudo descarta las intuiciones y se mantiene pasiva ante parásitos. Si además de tener intuición, tenemos desarrollada la práctica de atención consciente y la meditación sobre el vacío y con la sombra, nuestra mente despierta a un estado de percepción sutil y puede sentir y ver las proyecciones externas. Las proyecciones son usadas por los seres voladores e incorpóreos para atrapar la energía. Son como un virus informático que se introduce en el programa madre para acaparar el poder de los seres de luz que somos los seres humanos.

Glosario

Atención acrecentada (segunda atención): Es la manifestación inmanente que se da cuando los sentidos están anclados en el interior, manifestando la luz, energía y consciencia de los chakras. Así entramos en contacto con un estado de conciencia des-identificada de las formas y fenómenos, que es la consciencia conocedora liberada.

La atención consciente tiene tres aspectos funcionales: es auto-conocedora, es acrecentada y es testigo.

Atención consciente: Es el acto de ejercitar la atención acrecentada, que se origina en la consciencia despierta de los fenómenos cuando la mente se separa de estos. Esta nos lleva a darnos cuenta de la mente parásita —cuando estamos en una pasión emocional como la ira, la avidez, el miedo, la ignorancia, etc.— y también del modo piloto automático del pensamiento-emoción, que se implementa en la mente sin que seamos conscientes. Aceptar estos estados es el primer paso que permite detener la inercia automática de estos. Se manifiesta como un estado de darse cuenta y ecuanimidad, producto de la impecabilidad.

Atención testigo: La acción que se ejerce en la atención consciente y que nos permite ser testigos que eligen si participan o no en la dualidad de elección y rechazo.

Acecho: Es el acto de movilizar un propósito mediante el intento en un estado de atención consciente, cuyo axioma primordial es el propósito del camino del guerrero de luz: el propósito como voluntad del yo solar y espiritual.

Armadura o coraza caracterial: Los mecanismos de defensa crean una resistencia ante los elementos adversos que se presentan durante la vida. De esta forma, el cuerpo va endureciéndose por la acción de contener estas adversidades. Según las estrategias psico-emocionales que se desplieguen, se crea un tipo de coraza física-energética. Por ejemplo, la rígida como símil de no dejar entrar nada y sostener la idea de un yo inamovible. *La bioenergética* de Alexander Lowen trata este asunto.

Conciencia: Es la manifestación de la consciencia.

Consciencia: Es la inmanencia que se manifiesta por sí misma como un darse cuenta y conocer lo que es. Es el yo soy, el yo soy amor, yo soy energía, yo soy presencia, yo soy comunicación, yo soy creatividad: la manifestación de las virtudes de los chakras.

Cuántico-Salto cuántico: Se refiere a un salto evolutivo o cambio que se produce por acumulación de información (energía y consciencia). Se manifiesta espontáneamente cuando se obtiene la suficiente energía e información. Estos cambios o saltos cuánticos se manifiestan en los diferentes cuerpos: físico, emocional, cognitivo, energético y espiritual. Así mismo, los saltos cuánticos comúnmente van unidos a otros seres, a la naturaleza, a la tierra y el universo.

Cuerpo energético y cuerpo espiritual: El cuerpo energético está compuesto por los nadis, los vórtices de energía y la consciencia, que van a dar poder y estabilizar al cuerpo espiritual. Este último es el que subsiste en las reencarnaciones y cambios de planos existenciales.

Chakra: Vórtice de energía y consciencia que inherentemente posee el cuerpo energético y espiritual. Son siete los principales. Estos vórtices son el nexo de conexión con el yo universal. En esta realidad solo está manifestada una porción de la totalidad del ser que se encarna. Durante la vida, dependiendo del trabajo personal, se puede manifestar una mayor expresión de la totalidad del ser.

Desatino controlado: Lo absurdo que puede parecer en algunos momentos la vida y, sin embargo, nada escapa al Gran Espíritu. Para la mente despierta, todo está encadenado y a la vez el absurdo está presente; es una paradoja. Es aceptar y comprender que estás loco y, sin embargo, continuar en el acecho y la atención plena. Puede ser una experiencia verdaderamente dura para el ser humano.

Campo astral (4ª dimensión): Es un campo dimensional no visible por el ojo humano de energía e información que moviliza desde la dualidad, entre otras cosas, la energía de las emociones y los pensamientos. El campo astral está ligado al pensamiento y a las emociones. También es conocido como bajo astral. Por encima de este campo está el de la 5ª dimensión, libre de anclaje dualista tan característico del bajo astral. Este se manifiesta en forma de energía, consciencia y sentimientos puros. Para abarcar el campo de 5.ª dimensión, hay que romper el amarre de la dimensión del bajo astral que los seres voladores han insertado en el ser humano.

Intento: Es como un propósito que nace de la inercia del otro yo, de nuestro doble sagrado y misterioso, para transitar un paso más allá, despertar, en unicidad con el Gran Espíritu. Es un acto mágico que moviliza la visión y la realización.

Impecabilidad: Se distinguen dos tipos. Uno el que se refiere a la interacción con lo externo: cómo nos alimentamos, el medio de vida, la sexualidad, el trabajo, etc., que define la forma de adquirir energía y consciencia. Otro el que se refiere a la relación con las personas y, por extensión, con uno mismo, o viceversa. Esta última, la impecabilidad interpersonal, es el posicionamiento en un campo de neutralidad, de vacío fértil, resultado de estar en paz y ecuanimidad con las personas con que nos hemos relacionado, libre de proyecciones y conflictos emocionales. Este es uno de los objetivos de la recapitulación, el ensueño y la meditación.

Karma: Son las cargas que traemos de otras vidas y que también podemos producir en esta. Necesitamos poner claridad en el karma para transformarlo por medio de la liberación de este a través de la recapitulación, el ensueño y la meditación. El karma es el hielo, que cuando se licua se convierte en el agua de la realización espiritual.

Nadis: Son los canales del cuerpo energético por donde circula la energía. En la cosmovisión yóguica los principales son el canal central, en el que se alinean los siete chakras, y el doble paralelo femenino (izquierdo) y masculino (derecho).

Nahual: Habitualmente, se utiliza en el libro para referirse al mundo de los sueños. También es lo que no se muestra tangible a la racionalidad y se manifiesta desde un campo no visible, como un mundo invisible a los ojos y percibido parcialmente por los sentidos sutiles.

No-hacer: Consiste en observar y aceptar las cosas tal y como vienen, en no juzgar, dejar pasar. Para practicar el no-hacer hay que entender lo que en el budismo se conoce como la comprensión justa. Esta consiste en darse cuenta de que el mundo percibido por los sentidos es una ilusión que atrapa nuestra mente, encadenándola al curso de las interrelaciones. Para practicar el no-hacer, uno necesita posicionarse en la atención consciente, para poder darse cuenta de las interrelaciones y moverse desde un estado de consciencia de sus pensamientos, palabras y acciones.

Marchas de poder: Las marchas de poder no son solo las que describe Castaneda en sus obras; una marcha muy específica que consiste en correr siendo guiado por el espíritu. Las marchas de poder son meditaciones en movimiento dentro de la naturaleza. En general, se hacen en sitios por donde el poder se manifiesta y uno puede sentirlo e interiorizarlo. A la vez, son una estupenda forma de estar solo, presente y renovar la energía.

Tonal: Es el mundo tangible, el mundo tal como lo conocemos en el día a día, aquel que se percibe con los sentidos.

Orden cósmico: Se refiere al orden, estructura, diseño de la consciencia sagrada y universal cuando se entra en contacto con el poder universal. Algunos lo llaman Dios, Tao o naturaleza búdica.

Punto de encaje: Es un núcleo energético, similar a una pelota de tenis, que está situado un brazo de distancia del centro de los omoplatos hacia el exterior del cuerpo físico. Cuando se mueve, permite pasar diferentes filamentos de luz e información que definen la percepción de mundos perceptibles. Cuando se ensueña, el punto de encaje se mueve a la demisión del nahual, abriendo una puerta que resulta misteriosa para el neófito y donde el iniciado encuentra una dimensión de consciencia y poder.

En punto de encaje interactúa con los chakras cuando se alinea con estos por filamentos energéticos luminosos abriéndolos. Para movilizarlo se necesita cantidades ingentes de energía y la abertura del ojo penetrante del águila.

Poder del Águila: Es el poder de la visión penetrante que permite darse cuenta de la mente parásita y los campos sutiles; es el ojo del Águila relacionado y unido a la supraconsciencia.

Seres voladores e incorpóreos: Son seres que no pertenecen a este plano en el que vivimos y vinieron aquí para cultivar a los humanos, son sus predadores. Lo que drenan es la energía de los humanos a través del campo de la dimensión del bajo astral, a través del inconsciente emocional. Insertaron su mente dualista en el plexo solar para así hacernos creer que esta mente es nuestra propia mente.

Yo soy: No es el ego. El yo soy es la experiencia liberada de estereotipos y anclajes, que hace que esta fluya desde los vórtices de consciencia y energía (chakras), manifestando nuestra esencia incorruptible.

Zazen: Meditación zen. Principalmente, es una meditación sin objeto, sostenida por el cuerpo y el aliento, en la que juntos (cuerpo, aliento y no-mente) forman un diseño geométrico de conexión con consciencia universal.

Bibliografía

Castaneda, C. & Agustín, J. (1982). *El don del águila*. Eyras.

Castaneda, C. (1988). *El conocimiento silencioso*. Emecé.

Castaneda, C. & Thal, N. T. (1993). *El arte de ensoñar*. Barcelona: Seix Barral.

Díaz Cruz, R. (1998). «Archipiélago de rituales: teorías antropológicas del ritual». *Archipiélago de rituales*, 1-333.

Enseñanza oral del maestro TaisenDeshimaru (1975).Volumen 8. *ShinJinMei del maestro Sosan*. París: Ediciones AZI.

Índice

Sobre el autor

Nacido en 1965, monje Zen, educador social y psicoterapeuta humanista. Desde mediados de los 90 comparte y enseña el camino Budista del Zen con un buen número de personas a las que ha encontrado en su recorrido de vital. Trabaja como Psicoterapeuta Humanista desarrollando tres campos de trabajo relacionados: La psicoterapia Gestalt, Constelaciones Familiares y la Recapitulación.

www.ingramcontent.com/pod-product-compliance
Lightning Source LLC
La Vergne TN
LVHW020331200726
843507LV00012B/2309